重剑无锋

价值投资指南

单英中 ◎ 著

北京大学出版社

内容提要

本书以精练的文字、翔实的数据、严密的逻辑,阐述了价值投资的真谛:物美价平长持,并提出了"稀缺是投资的核心,估值是投资的灵魂,长持是投资的归宿"的独到观点,可谓入木三分。

本书分为两大部分,第一部分系统介绍了以"挑一艘好船,选一个好船长,等一张好船票"为核心思想的"先见船"投资体系,提出了具备实战价值的PBR估值模型。第二部分精心挑选了极具代表性的10位投资大师,提炼了格雷厄姆、费雪、巴菲特等投资家的核心思想。"让良资遇见优企"的提法,揭示了资产管理的本质和方向,即投资的背后是经营,是对行业、实体企业运营模式的洞察。

本书专为真正想要领悟价值投资精髓的读者准备,开卷必定有益。

图书在版编目(CIP)数据

重剑无锋:价值投资指南/单英中著. — 北京:北京大学出版社,2020.12
ISBN 978-7-301-31866-9

Ⅰ.①重… Ⅱ.①单… Ⅲ.①股票投资–基本知识 Ⅳ.①F830.91

中国版本图书馆CIP数据核字(2020)第230408号

书　名	重剑无锋:价值投资指南 ZHONGJIAN WUFENG:JIAZHI TOUZI ZHINAN
著作责任者	单英中　著
责任编辑	张云静　吴秀川
标准书号	ISBN 978-7-301-31866-9
出版发行	北京大学出版社
地　址	北京市海淀区成府路205号　100871
网　址	http://www.pup.cn　新浪微博:@北京大学出版社
电子信箱	pup7@pup.cn
电　话	邮购部 010-62752015　发行部 010-62750672　编辑部 010-62570390
印刷者	大厂回族自治县彩虹印刷有限公司
经销者	新华书店
	787毫米×1092毫米　16开本　15.5印张　214千字 2020年12月第1版　2021年2月第2次印刷
印　数	6001-8000册
定　价	68.00元

未经许可,不得以任何方式复制或抄袭本书之部分或全部内容。
版权所有,侵权必究
举报电话:010-62752024　电子信箱:fd@pup.pku.edu.cn
图书如有印装质量问题,请与出版部联系,电话:010-62756370

推荐序

拿到这本《重剑无锋：价值投资指南》的书稿，通读之后，总体感觉观点独到，表述精练生动，令人耳目一新。书中对投资的科学性、艺术性和实践性进行了充分的论述，对投资人尤其是价值投资求索者颇有教益。可以说，这是一部深刻反映高质量价值投资追求者不懈奋斗的心路历程和精心描绘勇于探索、追求进步的投资人成长画卷的力作。

投资江湖，少林武当招式各异，但论集大成者，唯价值投资一途。股票是什么？股票是股权的凭证。但是，现实情况非常复杂。有人认为，股票是公司股权的一部分；有的人认为，股票是筹码；更多的人介于两者之间，把股票时而当股权，时而当筹码。

本人从完成第一本关于资本市场的书算起，至今已有30年，但也始终解释不透什么叫股市。如果模仿傅伟勋的诠释学，倒不妨把股市分为"六义"：股市作为经济晴雨表（as economy，如美国80%的GDP由上市公司创造）；股市作为估值方法（as evaluation，买卖股票的基本依据是估值）；股市作为社会状态（as society，股票市场过热、过冷政府都要干预）；股市作为赌场（as casino，市场监管的一个重要目标就是要限制操纵价格行为）；股市作为公司治理（as corporate governance，这是新兴市场对上市公司监管的重要内容，上交所早就编制了公司治理指数）；股市作为融资场所（as financing，中国股市的一大任务就是要提高直接融资比例）。

无论在思想上，还是在行动上，把股票当成筹码、把股市当作赌场都是有害的、危险的。大家知道，进入赌场的赌徒绝大多数人最终是亏损的。所以做投资必须以股权思维为出发点，在投资的对象上，必须是自己看得懂、有前景的公司，必须是管理层讲诚信、有能力的优秀公司；在投资的价格上，一定是有安全边际的公司；在投资的期限上，必然是能长期投资的公司。

价值投资到底适不适合中国市场？许多人认为，A股市场有中国特色，受政策影响比较大，市场风格是喜欢炒壳、炒题材、炒概念，非理性程度比较高，因此价值投资在A股并不适用。这或许与大多数人过于关注短期表现突出的"牛股"有关。此外，个人投资者由于过于关注短期回报，普遍关注股价波动更大的"股性活"的股票，尤其对于涨停的股票印象深刻，而对于业绩和股价都相对稳健的价值股可能兴趣不足。2019年5月，我们团队根据巴菲特强调的"选ROE（Return on Equity，净资产收益率）高的公司，在低PE（市盈率）时买入"原则对A股市场进行回测。选取前3年ROE均高于20%且PE/100低于过去3年ROE均值的公司，等权配置，每年年初调仓，测算过去10年的表现。回测结果表明，"高ROE+低PE"策略净值过去10年的涨幅为246%，而同期沪深300指数涨幅为66%，在大部分年份该策略都获得了正的超额收益。巴菲特的"高ROE+低PE"策略在A股表现更稳健，虽然在较短的观察期内，策略的表现容易被各种题材炒作掩盖，但从长期来看，效果还是很明显的。"高ROE+低PE"策略在消费类行业中表现更优，随着我国经济由"投资推动"向"消费拉动"转型，价值投资的优势还会越来越明显。

价值投资的关键是什么？价值投资的关键在于坚持。本人从事证券投资研究多年，认识不少投资高手，发现他们有一个共同特征——眼光长远、富有耐心，长期持有行业龙头企业的股票。投资的背后是经营，是对行业、实体企业运营模式的洞察。作者专注钻研，在熟悉商业运行规律的基础上，颇有创意地归纳总结了价值投资的体系和方法。"待客如己""待股如企"

的理念无疑成为了私募基金行业和证券投资市场的一股清流。"让良资遇见优企"是很好的提法，指明了财富管理、资产配置行业的本质和方向。

当中国人均GDP超过1万美元、中国资本市场的变革日新月异、新一轮社会经济发展进步的历史性机遇窗口已经开启时，它既大声呼唤具有时代感的新型企业家辈出如泉涌，更急切召唤具有历史感的新一代投资家坚守价值投资理念，担当推动资本市场进步的重任。

中国首席经济学家论坛副理事长
中国金融四十人论坛特邀成员　　　李迅雷
中泰证券首席经济学家

自序

人生两大值得终身追求的重要事业：一为健康，二为投资。健康毋庸赘言，大家一致认同；投资却门派各异，众说纷纭。投资类书籍尽管汗牛充栋，投资者却往往无所适从。我在长期的投资研究与实践中，深深体会到，投资既是一门科学，也是一门艺术；既是一种信仰，也是一种格局。本书试论一二，以飨读者。

价值投资是让良资遇见优企的信仰

国人投资，始祖当推商圣范蠡。范蠡说："夫国家之事，有持盈，有定倾，有节事。持盈者与天，定倾者与人，节事者与地。"他又说"贵上极则反贱""贱下极则反贵"，治国与经商都寥寥数语道尽真谛。有人将贵出贱取与高抛低吸等同，但两者实有天壤之别。

现代投资，世人首推股神沃伦·巴菲特。以业绩论，巴菲特一骑绝尘，他用63年的时间交出一张无人企及的成绩单：伯克希尔·哈撒韦公司的股价从1956年的5美元/股，涨到了2019年的33.959万美元/股，涨了6.8万倍，年复合增长约20%。同样值得关注的是他的两位老师——本杰明·格雷厄姆和菲利普·费雪。格雷厄姆是华尔街教父、价值投资理论奠基人；费雪是成长股投资之父、价值投资理论升级者。名师出高徒，于是深谙价值投资真谛的巴菲特才会说："尽管我们希望花4毛钱买1元钱的东西，但是真碰上好生意，我们愿意出接近1元钱的价格买下来。"

诚如著名价值投资者段永平先生所言，投资的道理都被巴菲特说尽了。但巴菲特本人没有出过一本书，他的投资思想散布在其63年的年度信中。国内关于投资的书籍不少，但纯投资理论或纯技术分析的居多，真正理论与实战结合、战略与战术结合、定性与定量结合的较少，而投资者似乎更习惯于短线投机、预测市场和打探消息。

在我的理念中，投资就是价值投资。因为很难想象一个理性的人会去投资没有价值的东西。我不认同市场上广泛流传的"投资价值股还是成长股"的说法。价值股对应的是趋势股、炒作股；成长股本身属于价值股，对应的是初创股、成熟股、衰退股。不在成长期的股同样是有投资价值的。股价通常包含了对未来成长的预期，所以投资的重点是性价比，不是生命周期。

投资不是零和游戏，而是一种信仰。尽管投资市场不会总对或者时时对，有时候偏离度还很大，但总的来说，投资市场从长期来看是有效的，均值是会回归的。因此，要深刻理解股票的本质是企业的股权，投资的本质是搭船，是让良资遇见优企。正如巴菲特所说："因为我是经营者，所以我成为好的投资人；因为我是投资人，所以我成为好的经营者。"

说实话，投资这件事99%的人不适合干。因为你既要经得起"科幻股"的暴涨诱惑，还要扛得住美股十天四熔断的暴跌煎熬；既要放眼全球、学贯中西，还要考察入微、事无巨细；既要自上而下宏观分析、行业前瞻，还要自下而上进行企业估值、择价择时；既要能把握K线角分的波动，还要学会泰山崩于前而色不变的淡定。也正因此，投资市场一直长期奖励那稀少的1%的人。

价值投资是有章可循的科学

价值主要由两大部分构成，即过去成长形成的存量价值和未来成长蕴含的增量价值。四大指标不可偏废：动察损益观PE，静析资产论PB，删繁就简PEG，返璞归真ROE。我分析了投资的十大问题及优秀投资者的十大思维，总结了投资的"十大等式"和"五大不等式"，尝试寻找价值投资有章可循的规律。

在我看来，稀缺龙头是投资的核心，合理估值是投资的灵魂，长期持有是投资的归宿。由此我提出"先见船"模式："先"即先定性后定量、先物美后价廉、先胜率后赔率；"见"即大格局洞见内在价值性价比，攻布局远见安全边际预期差，守终局定见"市场先生"掀浪花；"船"即好航船、好船长、好船票，长期集中投资龙头行业中的龙头企业，与优秀企业共成长是唯一的长胜之道。

人有人品、人格，股亦有股品、股格。因此投资也要有所为有所不为：放弃赚对手的钱而坚持赚企业的钱；放弃低产出赛道而坚持高产出赛道；放弃普通公司而坚持头部公司；放弃短线热点而坚持长线投资；放弃好高骛远的目标而坚持脚踏实地。多付时间少付钱，买定离手长厮守。价值投资是需要长期研发投入的知识密集型行业，所以它也是一门科学，并会对愿意付出的人给予补偿。

价值投资是延迟满足的艺术

哲学家艾茵·兰德有句名言："财富是一个人的思考能力的产物。"事业不大不小、贷款不多不少的时候，日子过得舒适安稳，要不要转型换个环境、创业换种活法，需要对环境、自身、机会、风险有全面的评估和把握，也需要对当下满足还是延迟满足作出选择。

投资直接体现思考能力。司马懿47岁成为辅政大臣，一路韬光养晦，在70岁时发动高平陵之变，一个新朝代从此孕育。这条路充满煎熬和风险，如同猛虎卧荒丘，司马懿极度的冷静、自律、忍耐、克制，只为等待最合适的机会出现。人生的可能性好比是期权，时间价值是会流逝折损的。谁不想年少得志鲜衣怒马，快意恩仇肆意多空？千金散尽还复来，但时光一去永不回。当投资者注入的是时间，谁能说他们不勇敢？

投资者最关心的是大势、行情。真正的大势不是上证指数的K线，而是将每个人裹挟着卷向未知将来的力量。蓬勃向上的黄金时代，本身就提供了无限的可能："二战"后的美国，1970—1980年的日本，1980—1990年的中国香港，1990—2010年的中国内地。巴菲特是1930年出生的，如果他早生20年，大萧条就会彻底改变他的人生；如果他早生10年，则可能要被送去太平洋战场跟日本人拼刺刀。

匹夫之勇，会对高波动低收益的东西下注，其对应的效用函数是："我很想要，而且我现在就要。"还有另一种人，在通向成功的过程中，其效用函数是："我也很想要，但我现在可以不要，因为我要的东西更多更大。"这在心理学上称为延迟满足。延迟满足决定了你作判断是基于长期目标而不是短期利益。正如种一棵树，是要它十年百年成栋梁，而不是一年生当柴、三年五年生当桌椅。价值投资正是延迟满足的艺术，它要求养深积厚，寻找好标的，等待好价格，伴随好成长。

古之所谓豪杰之士者，必有过人之节。人情有所不能忍者，匹夫见辱，拔剑而起，挺身而斗，此不足为勇也。天下有大勇者，卒然临之而不惊，无故加之而不怒。此其所挟持者甚大，而其志甚远也。——《留侯论》

价值投资是追求愚钝乐观的格局

明代思想家吕新吾曾说："深沉厚重，是第一等资质；磊落豪雄，是第二等资质；聪明才辩，是第三等资质。"换言之：人格第一，勇气第二，能力第三。投资的格局取决于人的格局，比的是谁看得深、看得远。我认为，研究要选"大、长、金"，投资贵在"少、慢、愚"。也就是说，研究行业、个股要选择空间大、寿命长、成色金的，而投资贵在少就是多、慢即是快、似愚实智。要聚焦在能力圈内的行业、个股中，贪多嚼不烂。打个比方，"坦克"比"跑车"慢得多，但"坦克"能在A股的崎岖坎坷中一直稳步前行，而那些飞快的"跑车"却早已消失得无影无踪。因此我主张投资要做愚钝的乐观者，淡化择时，专注择股。在合理估值下买入，静待价值的成长、估值的回归，乃至"戴维斯双击"。投资是练内功，急不得，因为企业的成长本身靠日积月累。2020年4月份，万科企业股中心将市值53亿元的2亿股万科股票捐赠给了清华大学，这笔资产从32年前的520万元增值了1000多倍，差不多是10年10倍，年复利25.8%。这就是为什么要长期投资优秀企业的真谛。

投资和做人的道理一样，适合自己的才是最好的。投资流派众多，有些你只能了解招式，练不成心法。学习索罗斯，反身性理论只是招式，他追击和斩仓时的果决与狠劲，以及1987年股灾时依然谈笑风生的气度，是常人学不来的。学习巴菲特和芒格，护城河理论也只是招式，他们能坚持漫长岁月的不动与等待，也是常人学不来的。至于那些成功学心灵鸡汤里常见的学习对象，刘邦、朱元璋、曾国藩乃至科比、C罗，这些人也没有一个是好学的。那些学不来的心法，正是这些成功人士拥有的稀缺东西。心性、胆识、意志、气度，这些和人的格局相关的东西，会投射到投资实践中。"一想、二干、三坚持"是愚钝乐观的体现，因为对未来抱着乐观的态度，才能在充满不确定性的道路上愚钝地坚持。世界需要愚钝乐观者，因为100%的人有梦想，10%的人会行动，只有1%的人能坚持。

愚钝乐观者也更容易洞悉本质。投资的本质是寻找有性价比的标的。择股、择价、择时恰如人和、地利、天时，我称之为：打铁还需自身硬，便宜是硬道理，时势造英雄。要善坚持、能前瞻、懂节奏，要有理想但不能理想化。在充满怀疑的时代，匠心、专心、耐心不可或缺，要善于务小，勤于务实，敢于务大。因此我对自己的要求是，做基金，待客如己，把客户的资金当作自己的资金一样珍惜；做投资，待股似企，把二级市场的股票当作一级市场的实体企业一样经营。

回顾中国改革开放40多年来的经济发展历程，可谓波澜壮阔。

1980—2000年，改革开放初期，百废待兴，卖方市场占主导地位，工商业迅猛发展，产品供不应求；

2000—2020年，改革进入中水区，买方市场占主导地位，房地产行业火爆异常，中国加入WTO，国际贸易的大发展解决了国内产品逐渐供过于求的状况；

2020年开始，改革进入深水区，成熟市场到来。中美贸易战进入中盘，国内国际市场都趋于饱和，投资、消费、进出口都遇到瓶颈，叠加疫情的全球化蔓延，新一轮改革开放箭在弦上。服务业时代来临，人口红利消失，人才红利将是关键变量，金融市场的竞争力成为国家的核心竞争力之一。为了提高国民的资本性收入，推动消费升级、产业升级，提高资本市场直接融资比例，先后有北交所的成立、科创板的推出、注册制的全面推开等，政策应对不可谓不努力。站在2020年全球抗击新冠肺炎疫情的这个时点，我认为投资者无论是个人、基金经理还是机构，投资金额无论是百万、千万还是百亿，都是市场优化金融资源配置的一部分，归根结底是让良资投入到优企中去，这也是支持实体经济的重要组成。

投资博大精深，功夫常在诗外。我每读格雷厄姆、费雪、巴菲特这些大师的相关经典著作，常觉感同身受、相见恨晚。书中读到的技巧是有限的，但字里行间流露的格局、境界是震撼人心的。无论是格雷厄姆的桃李满天下、费雪的授人以渔、巴菲特的无私裸捐，还是博格的惠及千万家、施洛斯的"诚实是最佳答案"、罗伯逊的"宁丢客户不丢钱"，又或是索罗斯为世人所不知的慈善义举，都与开篇提及的古代商圣范蠡的"为富且仁"异曲同工，真可谓：古今中外，殊途同归。这大抵就是价值投资重剑无锋、厚德载物之道。

以上个人感悟，谨与读者共勉。囿于水平，错漏难免，敬请指正。感谢家人的支持，感谢所有为我和本书出版提供帮助的人。祝愿投资者们投资有道，人生美好！

单英中
2020年8月

目录

第一部分

- **概论 功夫原来在诗外** // 002
  - 一、和时间做朋友，与优秀共成长 // 003
  - 二、要么成为巴菲特，要么找到巴菲特 // 008
  - 三、投资者的精进不在投资而在做人 // 009
  - 四、让投资长成参天大树 // 011
  - 五、像下棋一样布局投资 // 012
  - 六、建立完整的投资系统 // 013

- **第一章 价值连城忌预测牛熊** // 015
  - 一、价格投机博差价还是价值投资赚成长 // 015
  - 二、市场究竟有效还是无效 // 016
  - 三、经典价值投资理论的四大基石 // 023

- **第二章 扬长避短忌急功近利** // 035
  - 一、牛顿第四定律：运动有害投资 // 035
  - 二、股市里两种人玩着两种游戏 // 036
  - 三、江南四大才子：最笨的那个人为什么最成功 // 038
  - 四、2008年金融危机的启示 // 039
  - 五、长期持有的前提 // 042
  - 六、周期的客观需要 // 043

第三章 举足轻重忌蜻蜓点水 // 045
一、仓位是轻还是重，满仓还是空仓 // 045
二、定价错误 // 047
三、投资者时间和精力的分配 // 052

第四章 收离聚散忌天女散花 // 057
一、鸡蛋到底应该放几篮 // 057
二、为何要集中投资 // 062
三、如何集中投资 // 064

第五章 推陈出新忌喜新厌旧 // 069
一、围绕人的需求选行业 // 069
二、传统与新兴行业 // 069
三、避免成为上市公司"捐赠者" // 073
四、什么是看得懂的行业 // 074
五、企业赚钱的三种类型 // 076

第六章 守常不变忌追涨杀跌 // 079
一、稳定与变易，胜率与赔率 // 079
二、什么样的公司值得长期持有 // 083
三、亚马逊涨幅800倍，为什么不是好股票 // 084
四、精彩的庄家采访录 // 087

第七章 热胀冷缩忌趋炎附势 // 089
一、逆向投资 // 089
二、不作预测 // 093
三、巴菲特的选择 // 095
四、避开两扇门 // 097
五、学会五个放弃 // 098

- 第八章 舍小就大忌因小失大 // 101
  - 一、弱者更弱，强者恒强 // 101
  - 二、买股要买龙头股 // 105
  - 三、投资要有大局观 // 110
- 第九章 公私兼顾忌见利忘义 // 113
  - 一、公私有别 // 113
  - 二、好船与好船长 // 117
  - 三、"利润之上" // 120
- 第十章 贵出贱取忌高抛低吸 // 123
  - 一、8元的黄酒远比1200元的茅台贵 // 123
  - 二、估值是投资决策的灵魂 // 123
  - 三、耐性是关键 // 125
  - 四、品质投资法 // 127
  - 五、案例 // 129
- 结论 坚守愚钝乐观的投资之道 // 133

第二部分

- 20世纪投资名人堂TOP10辑要 // 148
  - 一、价值投资之父本杰明·格雷厄姆：
    市场价值寻边际 // 149
  - 二、成长股投资之父菲利普·费雪：DCF集中成长 // 154
  - 三、股神沃伦·巴菲特：ROE中执牛耳 // 167
  - 四、股圣彼得·林奇：PEG里千钟粟 // 175

五、金融大鳄乔治·索罗斯：选优择差反身性 // 190

六、指数基金之父约翰·博格：指数先锋辟蹊径 // 202

七、全球投资之父约翰·邓普顿：逆向投资遍全球 // 208

八、市盈率鼻祖约翰·内夫：PE 低处有黄金 // 218

九、市场传奇麦克尔·普里斯：PB 洼地掘宝藏 // 223

十、对冲基金教父朱利安·罗伯逊：
　　宁丢客户不丢钱 // 226

- **结束语：我的投资说** // 229
- **参考文献** // 231

PART 1

第一部分

概论 功夫原来在诗外

投资如江湖，江湖故事多。在投资的风浪里搏杀，不同的人有不同的表现，同一个人在不同阶段也会有不同表现。纵观投资武林，一个投资高手通常循着以下心路历程一步步进阶，而入江湖有先有后，学武功有快有慢，归纳起来，可喻为投资的"九重门"。

第一重：心比天高的无知与无畏；

第二重：自愧莫如的不甘与煎熬；

第三重：有去无回的郁闷与彷徨；

第四重：风吹浪打的圆滑与坚韧；

第五重：俯视众生的高冷和嘲讽；

第六重：游戏人间的不羁和从容；

第七重：若有所思的欲言和又止；

第八重：敬天怜人的悲悯与博爱；

第九重：返璞归真的简单与朴素。

这九重门外，其实都是一面天堂、一面地狱。门里的人、站门口的人和门外的人看到的也许都是不一样的风景。而投资人可能走着走着，就忘了出发时的初心。我在投资研究与实践的过程中，常常经历"山重水复"或"柳暗花明"，因此对每一重门及其门里门外的人或多或少感同身受，故以此开篇，先画一幅"投资众生相"，再试论为何人们明知江湖险恶却又趋之若鹜，最后跳出投资看投资，看看武功秘籍到底藏在哪里。

一、和时间做朋友，与优秀共成长

司马迁《史记·货殖列传》有言："无财作力，少有斗智，既饶争时，此其大经也。"大意是，在钱财匮乏的时候，应当用体力去创造财富；等稍微富裕一点之后，需要用智慧来赚取钱财；等钱财多了一些，需要去找生钱的时机，这是赚取钱财的方法。如果套用到现代人的角色，这就相当于"员工、管理者、股东"三个阶段。

现代人"既饶争时"，最常选的路径就是股票投资。原因大致有三：为抵御通货膨胀；为财务自由；为兴趣爱好。

通胀是阻挡人们通向美好生活的一条拦路虎，没做投资或没做高回报率的投资，辛苦挣来的钱就白白贬值。"不进则退、慢进也是退"用在投资上真是再合适不过。据报道，2020年1月广义货币M2首次突破200万亿，达到202.31万亿，同比增长8.4%。这是一个比较标志性的历史时刻。人民币的M2突破100万亿，是在2013年3月。从1955年币制改革，当时人民币的M2只有175亿元，到破100万亿，花了58年时间。而从100万亿到200万亿，则只花了不到7年时间。据测算，过去40年中国广义货币供应量M2年均增速为15%。从各类资产价格表现来看，绝大部分的工业品、大宗商品、债券、银行理财等收益率都大幅跑输，只有少数的一二线地价房价、医疗教育等服务类产品、股票市场上的核心资产等收益率跑赢。可以肯定的是，2013—2019年，如果资产年化收益率低于10%，就等于贬值。复利很惊人，复损很吓人。为抵消通胀的影响，我建议长期投资优秀公司，做时间的朋友。

投资公司有两个选项，自己干或是让人替你干。自己干是创业，创业者可敬可爱，特别是那些到了暮年还壮心不已的人，比如关玉香，55岁才创业，用30万元做出了100亿市值的"奥瑞金"；王斌章，60岁时不名一文，用2000元做出了年入20亿的"天堂伞"；褚时健，76岁高龄时依然以"褚橙"迈步从头越。他们用自己的生命诠释了企业家精神和不灭的信念。创业成功者会有耀眼的光环，然而对普罗大众而言，创业维艰。打工只是苦与累，创业意味生与死。于是大家选择介于两者之间的投资。的确，发现比创造容易得多。我们虽然不会造航空母舰，也当不了船长，但可以买张船票搭便船。股市正好承载这样的功能，船、船长都在那里，你要做的就是选择你心仪的船，然后以合适的价格买到船票。这就是让别人替你干，但不能随随便便选择。将2010年A股市值前20名的榜单和2019年A股市值前20名的榜单一对比，你会发现必须要让真正优秀的上市公司替你干。

在股市摸爬滚打的人从以下两张表格中会发现，2010—2019年A股指数10年不涨，但强者恒强，刨去"四大行"和"两桶油"及新公司，以下组合10年总市值平均涨幅约540%，它们的涨幅分别是：贵州茅台1600%，中国平安321%，美的集团1000%，招商银行275%，五粮液470%，兴业银行120%，长江电力371%，格力电器668%，平安银行110%，万科A445%。

A股中10%的公司可谓优秀，比如沪深300；1%的公司具备性价比，可称TOP30；1‰的公司真正搞懂，组成个人能力圈的3个核心公司即CAN3。选股要求与持股时间成正比，上述三个比例可与10天、10个月、10年对应。股票投资之难与趣，在于发现优秀的公司，并在合适的时间点采取合适的操作。

2010年A股市值前20

排名	证券名称	A股市值（亿元）	行业（证监会标准）
1	中国石油	18168	采矿业
2	工商银行	11118	金融业

续表

排名	证券名称	A股市值（亿元）	行业（证监会标准）
3	农业银行	7881	金融业
4	中国银行	6315	金融业
5	中国石化	5636	采矿业
6	中国人寿	4435	金融业
7	中国神华	4075	采矿业
8	中国平安	2688	金融业
9	招商银行	2263	金融业
10	浦发银行	1778	金融业
11	贵州茅台	1736	制造业
12	交通银行	1630	金融业
13	光大银行	1601	金融业
14	兴业银行	1441	金融业
15	中国太保	1440	金融业
16	中信银行	1398	金融业
17	上汽集团	1357	制造业
18	广发证券	1332	金融业
19	五粮液	1315	制造业
20	中信证券	1252	金融业

2019年A股市值前20

排名	证券名称	A股市值（亿元）	行业（证监会标准）
1	工商银行	15853	金融业

续表

排名	证券名称	A股市值（亿元）	行业（证监会标准）
2	贵州茅台	14861	制造业
3	农业银行	11780	金融业
4	中国石油	9440	采矿业
5	中国平安	9258	金融业
6	中国银行	7777	金融业
7	招商银行	7753	金融业
8	中国人寿	7261	金融业
9	五粮液	5163	制造业
10	中国石化	4883	采矿业
11	兴业银行	4113	金融业
12	长江电力	4044	电、燃、气供应
13	美的集团	4042	制造业
14	格力电器	3945	制造业
15	储蓄银行	3933	金融业
16	恒瑞医药	3871	制造业
17	浦发银行	3631	金融业
18	工业富联	3627	制造业
19	平安银行	3192	金融业
20	万科A	3129	房地产业

股票是最好的投资工具之一，好就好在股票投资公平且纯粹。股票投资与高考的公平程度接近，凭实力说话。投资没有玄机和奥秘，只有常识

和缜密。做股票也不必像做企业那样迎来送往、上下打点。股市没有神话和童话,只有变化和进化。索罗斯说:"每天上班的人其实并不清楚自己该干什么。"我想说的是:创业谈何容易,投资其实可替。这么说的根据是,1802—2002年,股票、长期国债、短期国债、黄金、美元这五种资产的收益对比如下图所示,可见200年间只有股票创造了财富。货币:一般等价物,长期只能大幅贬值,绝对风险性。黄金:中短期具有最佳的抗风险性,长期只能贬值,绝对风险性。债券:本质是社会平均资金成本,有中长期保值(抗通胀)的特点。另类投资:如房产有使用价值并会产生一些增值,古董艺术品有欣赏价值,不良资产收购有差价。股票:本质是企业,长期社会财富积累的源泉,中短期体现高波动性和风险性,长期基本没有风险。财富的传承只能立足于长期视角。前面四大类多是对倒、零和游戏,基本无差别配置。后者天差地别,每个股票都不同,即使同一只股票在不同的时间也有很大的差别,最考验选择水平、能力和耐心。从盈利性、安全性、流动性综合来看,股票投资无疑是首选。

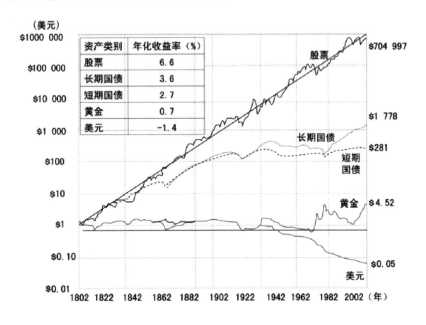

1802—2002年美国各类资产收益对比图

有人说，复利是世界第八大奇迹，而股票堪称世界第九大奇迹。投资别人的成功事业，让马云、马化腾、董明珠等精英，让那些又聪明又努力的人为我们工作，而我们只需要决定把资源投资到哪里、什么时候投资即可，无须劳心劳力。传统的企业投资周期长、流动性差，而股票投资者在股票电子化时代可以今天投地产业、明天投银行业，今天投中国股市、明天投美国市场，如诸葛亮一般"运筹帷幄之中、决胜千里之外"。正因如此，人们才会"股票虐我千百遍，我待股票如初恋"。

但为什么股票市场还是七亏二平一盈，并不是大家不够聪明不够勤奋，而是把方向搞错了，或者说压根就没有这一幅"股海航行图"，从而迷失于股海之中，用尽心力去研究消息、趋势以及无穷无尽的形态，幻想着一天一涨停、一年翻几倍。当然，这也是股票投资的诱惑所在。所以，不管结果如何，股票投资总能激发很多人的兴趣。

二、要么成为巴菲特，要么找到巴菲特

《史记·货殖列传》里还有一句话："富无经业，则货无常主，能者辐凑，不肖者瓦解。"大意是，创造财富是没有固定的行业的，钱财货物也不会固定属于某一个人，对于那些有才能的人，财富就像是辐条聚集在车轴的四周一样，对于那些没有能力的人，财富就像是瓦片一样，很容易破碎。

《马太福音》里也有一句名言："凡有的，还要加给他，叫他有余；没有的，连他所有的也要夺过来。"这句话后来引申发展成了"马太效应"，揭示了"强者愈强，弱者愈弱"的生存法则。

以上两句话，用在投资上体现得更加直接明显。富人坐等资产升值，有花不完的钱。穷人每天早出晚归，挣的钱还要被通货膨胀削减。富人的财富呈几何倍数增长，而穷人的财富是算数级增长。投资财富的积累犹如滚雪球，在同样的速度下，雪球越大体积增长越快。这是残酷的现实，也

正说明投资的必要性。

投资界流传这样一句话：投资的成功道路只有两条，一是成为像巴菲特那样的人；二是找到像巴菲特那样的人。本书重点讨论第一条路——学习巴菲特，成为巴菲特那样的人。

市场上的股票投资者大致可分为以下三类。

第一类，注重大盘。这类人在2003—2005年并不参与，然后在2005年下半年到2007年全仓"梭哈"，到2008年又根本不看股票，一直休息到2014年开始入场，他只赚牛市的钱。这种人非常淡定，他平时不怎么看股票，觉得行情不错就搞一把。这类人极少，大部分人想学也学不来。

第二类，注重选股。这类人如果觉得某个公司及管理层很好，不大在乎现在大盘点位怎么样，如果预估该公司3年之后可以到1000亿市值并可能产生50亿利润，那他现在就会去跟踪它。典型的如长期持有茅台、腾讯股票的人。这类人对行业、个股的研究功底非常扎实。

第三类，注重交易。这类人对盘面、对国家政策、对投资者的情绪非常敏感。这类人如果你给他几千万，他不一定做得成功，但如果你给他几百万、几十万，他一年能翻倍赚回来。

您趋向于做哪类投资者呢？愿您学习成为巴菲特那样的投资者，至于如何做，后面会花大量篇幅来讲。其中，我认为最关键的是两条：一是集中买优秀企业的股票；二是以合适的价格购买并长期持有。

三、投资者的精进不在投资而在做人

决定投资水平的根本因素不在股市而在格局。因为，财富是思维的产物，思维由格局决定。

稻盛和夫先生写过一篇文章《人之上者的三个资质，聪明只排第三》。文中说，对一个合格的经营者来说，最重要的不是知道多少复杂的知识和理论，而是懂得珍视那些看似简单、引导人们采取正确生活态度的原理原则，即哲学。这种哲学"不是晦涩难懂的书桌上的学问，而是从经验和实践中产生的生动的哲学"。投资与经营本质上是一回事。这些哲学看上去"像小学教室里贴的伦理或道德纪律方面的标语一样"，聪明的人往往对这样的哲学一扫而过或视而不见，但那些不那么聪明的人却极其珍视它，不仅用脑筋理解，还要用灵魂领悟，使其变成血肉的一部分。

为了提升格局，稻盛和夫先生提出了六项"精进"：

1. 付出不亚于任何人的努力。比任何人更多地去钻研，而且一心一意保持下去。如果有闲工夫抱怨不满，还不如努力前进、提高，即使只是前进一厘米。

2. 戒骄戒躁。"谦受益"是中国的古语，谦虚之心能招来幸福、净化灵魂。

3. 每天自我反省。每日检查自己的行动和心理状态，反思是否只考虑了自己的利益，是否有卑怯的举止等，自省自戒，努力改正。

4. 感谢生命。只要活着就是幸福，培养对任何细小的事情都心怀感激的心性。

5. 行善积德。"积善之家必有余庆"，提倡行善积德，特别注意要有同情心，这样会有好报。

6. 摒弃感性所带来的烦恼。不要总是忿忿不平、杞人忧天、自寻烦恼。相反地，为了不致事后后悔，更应全身心地投入。

这六条看似心灵鸡汤的人生修炼法则，如果切实做到，就能不自觉地对投资产生积极影响。如会有更多的利他精神，懂得及时止损，也会做更多有益于整个社会的事，不会执着于自己某次投资的成败得失。而越是勤奋、越知感恩、越能自省，心智就越成熟，格局就越宏大，投资就越成功。

四、让投资长成参天大树

投资的真谛常常蕴藏在熟视无睹的日常里，比如观察林立的树，从中也能得到一些投资启示。

1. 成为一棵大树的第一个条件：时间

没有一棵大树是树苗种下去，马上就变成了大树，一定是岁月刻画着年轮，一圈圈往外长。

启示：投资要想成功，一定要给自己时间。时间就是体验的积累和延伸。

2. 成为一棵大树的第二个条件：不动

没有一棵大树，第一年种在这里，第二年种在那里，就可以成为一棵大树，一定是在漫长岁月里经风霜，历雨雪，屹立不动，才能最终成为大树。

启示：要想成功，一定要"任你风吹雨打，我自岿然不动"，坚守信念，专注内功，终成正果！

3. 成为一棵大树的第三个条件：根基

树有千百万条根，粗根、细根、微根，深入地底，忙碌而不停地吸收营养，成长自己。绝对没有一棵大树没有扎实的根。

启示：要想成功，一定要不断学习。不断充实自己，自己扎好根，事业才能基业长青。

4. 成为一棵大树的第四个条件：向阳生长

没有一棵大树长向黑暗，躲避光明。阳光，是树木生长的希望所在，大树知道必须为自己争取更多的阳光，才有希望长得更高。没有一棵大树只向旁边长，长胖不长高。大树一定是先长主干再长细枝，一直向上长。

启示：要想成功，必须选择行业前景良好，企业管理层积极进取的公司，不断向上才会有更大的市场空间。

五、像下棋一样布局投资

明人许谷在《石室仙机》中这样解释围棋九品。

一品入神：高瞻远瞩，变化不测，而能先知，精义入神，不战而屈人之棋，无与之敌者，是为上上。

二品坐照：入神饶半先，则不勉而中，不思而得，有至虚善应之本能，是为上中。

三品具体：入神饶一先，临局之际，造形则悟，具入神之体而微者也，是为上下。

四品通幽：受高者两先，临局之际，见形阻能善应变，或战或否，意在通幽，是为中上。

五品用智：受饶三子，未能通幽，战则用智以到其功，是为中中。

六品小巧：受饶四子，不务远图，好施小巧，是为中下。

七品斗力：受饶五子，动则必战，与敌相抗，不用其智而专斗力，是为下上。

八品若愚：暗于弈理者，愚也。今则局势已败而不觉，岂不若无知之愚人耶！

九品守拙：不知攻守，随手而应，以图自全，乃守拙之徒也。

投资与围棋有许多相似之处。围棋的这九品可以运用于评估投资者层次。若以盈利规模而言，可以100亿、10亿、1亿对应上品（顶尖）；5000万、3000万、1000万对应中品（优秀）；500万、300万、100万对应下品（专业）。围棋的十诀则可以用来指导投资实践：

围棋讲不得贪胜、逢危须弃，投资需要止盈止损、合理估值。

围棋讲入界宜缓、慎勿轻速，投资需要择时择价、分步分批。

围棋讲攻彼顾我、动须相应，投资需要攻守兼备、进退有序。

围棋讲弃子争先、舍小就大，投资需要顺势而为、集中兵力。

围棋讲彼强自保、势孤取和，投资需要固本培元、蓄势待发。

所以说，投资如下棋，要顺势而为，逆向而动。顺的是价值投资的大势，逆的是个股冷热的方向。

六、建立完整的投资系统

本书的第一部分分了十章讲述投资的十大问题。其中，第一章是道，是方向；第二至第十章是术，是方法。再细分的话，第二至第四章是策略选择，第五至七章是行业选择，第八至第十章是个股选择。

大道至简，知易行难，但实际上真知未必行难。道理都懂还是做不好投资？不会的。做不好是因为不是真懂，只是知道道理。体会一下知道某人与懂某人的差别，就明白懂与知道的差别巨大。我们读巴菲特，首先要知道他讲过什么、做过些什么，也就是"读厚"；然后深入探讨，争取能读懂巴菲特，这是"读薄"的过程。不读厚不知道，不读薄不会懂。投资的门好进，但槛不好跨。跑步与跑马拉松，会下棋与下得好，可谓天壤之别。

在我看来，一个完整的投资系统应包含对以下12个问题的详细规划：

1. 买什么；

2. 何时买；

3. 出价多少；

4. 怎么买；

5. 买入量占投资组合的比例多大；

6. 投资后的监控；

7. 何时卖；

8. 投资组合结构和优化；

9. 调查方法；

10. 对市场崩溃等系统性冲击的防范措施；

11. 处理错误；

12. 当系统无效时怎么做。

你可能只对其中的一些问题有所了解。没关系，看完本书，相信你对全部12个问题都会了然于胸，惟其如此，你的系统才是一个完整的系统。

第一章 价值连城忌预测牛熊

一、价格投机博差价还是价值投资赚成长

投机常常是预测未来，投资更多是评估现在。估值通常是差不多的，但预期差别很大，前瞻性是造成差异的原因。经营重于管理，行业经营重于企业管理，管理会计重于财务会计，经营方针决定财务数据。船、船长、船票、天气四大因素可以赋以 4、3、2、1 的比重，对此，做投资前先要问四个问题：航空母舰还是小木船、能手还是俗手、贵还是贱、晴还是雨。

早知三日事，富贵一千年。知道涨不涨的是神仙，而普通人只知道贵不贵。长线价值投资适合常人，短线价格投机适合天才。巴菲特、林奇善于理解公司，利弗莫尔、索罗斯善于理解市场。

A 股虽然有这样或那样的问题，但总体来说还是一个能挣钱的"正和博弈"市场。上证指数从 100 点涨到 3000 点，你可能会说主升浪的年代过于久远，那我们看几个近期的指数。中小板指 2006 年成立，基准 1000 点，现在是 6232 点（2019 年 12 月 5 日收盘价），13 年下来相当于年化复合收益 15%，非常不错。创业板指 2010 年成立，基准 1000 点，周四（2019 年 12 月 5 日）收盘 1710 点，9 年下来相当于年化复合收益 6.2%，也跑赢了大多数的理财产品。也就是说你即便不会挑选个股，那闭着眼买指数 ETF

基金，只要不是特别极端地追在高点，时间久了挣钱也并不难。大部分散户觉得自己挣不到钱，原因主要有三个：

1. 入场时机不对，A 股 2/3 的开户都集中在 2007 年、2015 这两年，每次都是牛市一爆就冲进来，所以很容易追高。

2. 炒壳炒题材炒垃圾，交易频繁，损耗成本过高。有些高频散户一年全仓进出 20 次以上，这方面就多出了 4%～5% 的成本。而股市的长期预期收益其实和 GDP 增速差不多，每年也就 6%～7%，如此一来都被折腾完了。

3. 交易习惯差，赚钱就想卖，亏钱就想补仓。利润被切断，亏损被放大，取死之道也。

亏损散户千千万，但 90% 不离上面这三大原因。还有 10% 是其他各种各样的原因，其中也包括加杠杆借钱炒股。杠杆是暴富的钥匙，但也是绝望的深渊。那些在股市暴富的股神，或多或少都用过杠杆。更多的人是习惯了杠杆后，舍不得在熊市撤下，总是幻想着牛市马上就来，再扛一扛就能看到黎明。但除非你有很好的现金流，否则大部分身背杠杆的人都挺不到下一次牛市。

二、市场究竟有效还是无效

当我们每天面对市场大幅波动的时候，常会问自己一个问题，市场是否有效，是我错了还是市场错了。市场是否有效是一个人做很多事情的决策基础。这个世界很复杂，我们看到的大部分现象不一定是真相，只看你信什么。我们都像是盲人摸象，看到的都是世界的一部分，我想我们上学读书的目的是看到世界不同的部分，能从不同的角度看这个世界。在我们上学的时候，认为老师教我们的是唯一正确的知识，等到长大后才知道，这个世界并没有什么绝对正确的知识，所有的科学知识都是归纳统计出来的，随时都可能被新出现的事物打破，被打破了，这个知识就不完全是正确的。面对任何事物，我们一定要有判断辨别的过程。

但市场中有些现象是无法用市场有效性来解释的，比如 2007 年的上证指数，80 年代的日本房地产泡沫，美国 2000 年的纳斯达克泡沫，在当时的市场情况下，人们都不认为是泡沫，当时市场的疯狂状态是现在的人们无法理解的。80 年代日本东京的房地产总市值可以买下整个美国，当时日本人都疯狂地买房子，很多房子现在的价格还是当年价格的一半，这样能说当时的人是理性的吗？市场价格就体现了价值吗？我所在的城市不过是中国的三线城市，但这里的房价前段时间最高卖到了 3 万元 / 平方米，市区人口约 100 万，房租约 1800 元 / 月，按 80 平方米算，以 3 万元 / 平方米买入，房屋出租回本需要 111 年，我实在想不出人们还依然疯狂买房子的理由。这时候市场是有效的吗？市场是否有泡沫？泡沫什么时候会破，还是说根本就没有泡沫？我觉得没有人能给出答案，这就是人类面对市场的局限性，因为我们在当时永远不知道答案，泡沫只有破了以后才知道是泡沫。

在一个人决策的时候常常会处于两难的境地，每个决策都是妥协的结果。承认市场有效性，那就不要去试图战胜市场，融入市场才能获利。但这里的困难在于，承认市场有效性就像承认自己是笨蛋一样，因为如果你承认了市场有效性，就等于放弃了思考，放弃了努力，因为思考和努力也根本战胜不了市场。但我想很多人都无法接受这个现实，我们从小被教育要努力，要奋斗，但现实告诉你，努力和奋斗不一定能起决定作用，这对人的打击是挺大的。随波逐流才是最好的策略，这样就能获得市场的平均收益，例如，在别人都买房的时候，你也应该去买，过很多年后你就能获得市场的平均收益。

如果不承认市场的有效性，那么就要去寻找市场犯错误的机会，在市场犯错误的时候从中受益。例如，2008 年经济危机的时候，房子特别便宜，在人们都恐慌的时候，要敢于出手。这个时候要坚定地认为市场是错误的，经济一定会恢复，房价也会反弹回涨。但这里的难点在于，每个人都有贪婪和恐惧的心理，特别是在面对市场波动的时候。每一次市场波动的时候都在无限放大你的贪婪和恐惧，人们在贪婪和恐惧面前很难再有独立思考的能力，外界环境的影响足够使你否定一百次自己的想法。所以很少有人能持续地战胜市场。如果不相信市场有效性，有超额收益就可能有更大的损失。

这个问题向来充满争议。20世纪初法国数学家巴舍利耶最初提出"有效市场"理论。1970年，美国金融学家法玛深化并提出"有效市场假说"。有效市场是指资产的现有市场价格能够充分反映所有有关、可用信息的资本市场。包括弱型有效市场、半强型有效市场和强型有效市场三种形式。这个理论假设参与市场的投资者有足够的理性，能够迅速对所有市场信息作出合理反应。有效市场假设认为在一个充满信息交流和信息竞争的社会里，一个特定的信息能够在股票市场上迅速被投资者知晓。随后，股票市场的竞争会驱使股票价格充分且及时地反映该组信息，从而使得基于该组信息所进行的交易不存在非正常报酬，而只能赚取风险调整的平均市场报酬。也就是说，在市场有效的情况下，选股是浪费时间，择时进入股市主动买卖股票也是浪费时间，投资主动型的基金也是在浪费时间，因为股市能够迅速对所有市场信息作出合理反应，不存在超额报酬，最好的策略是购买指数型基金，进行被动投资。

格雷厄姆是市场无效论的坚定拥趸，他提出了与有效市场假说相反的观点，提出了"市场先生"的概念。他不认为市场是老师，反而把市场比喻成时而狂躁、时而抑郁的疯子。"市场先生"每天都在不停地报价，很多时候报出一个超高的报价，很多时候又报出一个超低的报价。对于投资者而言，就应该在市场犯错的时候抓住它的错误，去战胜市场，这是市场无效论的观点。巴菲特则用自己的实战成果驳斥了有效市场假说，有力地支撑了老师的观点。

那么,市场到底是有效还是无效的?对于我们的投资,又有哪些实际的指导意义呢?芒格提到,市场通常情况下是有效的,并不是时时刻刻都在犯错,但在有些时候市场是无效的。市场无效的原因是情绪和人心的波动,导致人在市场疯狂的时候更贪婪,恐惧的时候更恐惧,在极端情况下,出现了错误甚至荒谬的决定,导致严重的错误定价(如2015年不少人认为"4000点是牛市起点",2018年中美贸易战时又觉得经济要倒退了,股票市场要完蛋了)。有意思的是,2020年3月美股经历了一轮前所未有的波动,不到10天时间连续三次熔断,股神巴菲特也没有经历过这样的情况。

(一)认清市场长期有效、短期无效对投资的帮助

这一点听起来似乎是废话,没什么用,但对于投资来说,其作用在于:作为一个成熟的投资者,需要鉴别什么时候去跟随市场,什么时候需要逆向思考,而且不要时时刻刻都跟市场较劲。永远去标榜逆向思维是不可能的,因为市场并不是大部分情况下都是错的,逆向思维只能在少数情况下甚至极端情况下才会有用。但是,当市场出现严重错误定价的时候,要毫不犹豫地出手抓住它。

(二)市场有效论对市场风险偏好有参考意义

如果市场出现了比较重要的信号,比如货币在持续收紧、经济在持续下行、企业利润在收缩,并没有见到明确的拐点信号,还在一步一步变差的时候,这就是市场给你的很明显的信号。往往这个情况下,最好不要和整个市场较劲。例如2018年我们宏观上持续推进去杠杆,打击影子银行,同时伴随着中美贸易战的爆发,市场的风险明显加大,这个时候就不应该和市场较劲。到2019年1月的时候,货币政策明显出现了宽松信号,且

此时以上证指数为例，其市盈率估值在 13 倍左右，明显处于历史低位，那么此时投资股市的胜率是相对较大的。

（三）市场有效论对股票定价的帮助

具体到一家上市公司，市场都会存在短期定价和长期定价，同样存在市场有效和无效的问题。我认为市场长期的定价是有效的，但短期的定价经常出错。

1. "错失"明星股，长期定价基本有效

我们先谈长期定价。如果市场对于一家公司，长期给出了比较高的估值。这时作为投资人，需要重新审视对安全边际的理解，思考是否对这家公司的安全边际进行了错误的定价。例如，在市场中有一些消费和医药的龙头股，其实不只是这一两年，在过去很多年，长期估值很少有便宜的时候。例如某些调味品的龙头企业，对应百分之十几的业绩增长，按照静态市盈率的理解，即使是 30 倍 PE 也不能算很便宜，在我们犹豫的时候它们的估值涨到了 60 倍，同时伴随业绩 EPS 的增长，EPS 和 PE 的乘积让股价这几年又继续涨了很多。可很多投资者因为看到 30 多倍估值的绝对数字，感觉价高而不敢下手，从而错失明星股。芒格说过，成长是最好的安全边际。成长除了考虑增速，稳定性和确定性也非常的重要。

2. 利用市场短期错误定价，获取超额收益

再谈短期定价的错误。对于职业投资者而言，能否抓住短期定价的错误获取超越市场的收益，是区别于业余投资者的关键。短期定价错误的时机一般发生在两种情况下：系统性风险和行业利空。

2018 年就是经典的抓系统性风险的机会。受到货币政策、宏观经济的影响，很多行业在 2018 年都遇到了不小的挑战，业绩也出现明显下滑，最终导致整个资本市场的恐慌，出现了较长时期的非理性下跌。我们观察到相当多的优质企业，例如白酒、乳制品和互联网的龙头企业，它们的估

值都被杀到了历史估值的最低点附近。很多投资者由于过度恐慌失去信心，在很便宜的位置卖出了股票，这是非常不理智的行为。作为职业投资者，我们需要考虑：

（1）这些企业的商业模式变了吗？消费需求还在不在？

（2）企业在行业竞争中的优势和"护城河"还在不在？

（3）造成企业业绩下滑的利空，是永久性的还是暂时性的？

如果我们发现上述3个问题的答案是没问题，或者仅仅是暂时性的影响，那么股价的大幅度下跌，就是我们买入的好机会，这种机会可能5到10年才会出现一次。

行业利空的典型案例是2013年的白酒行业。大家也可以用上述三个问题来反问一下自己，就知道当白酒行业的全国以及区域性龙头股出现惨烈下跌时，是否该大笔买入。2018年由于游戏版号暂停审批，导致整个游戏行业的股价大跌，我们同样可以问上述三个问题，来决定是否该抓住行业的龙头股大笔买入。

3. 长期和短期结合，抓住机会拥抱盈利能力卓越的企业

虽然我是市场无效论的支持者，但我不排斥市场的有效性。市场在大部分情况下是有效的，所以这个问题要辩证地理解。

总结一下对这个问题的看法：

（1）相信市场的长期定价，不要横向比较。所以，等一轮系统性风险释放完毕后，不是去找PE最低的股票，这很危险。PE低的企业如果商业模式受到了巨大创伤，未来不能创造更多的自由现金流，那么可能成为非常大的陷阱。相反，这里要找自己熟悉的商业模式，并确定龙头企业的"护城河"依然坚固，这时候即使PE绝对值不低，也应该抓紧机会买入。例如有些消费品、医药、互联网的龙头企业，如果你发现这家企业的PE长期为25倍到40倍的话，你没必要非要等到在25倍估值以下才去买，那样有可能很多年也买不到。

（2）市场的短期定价经常错误，要抓住机会。比如2018年很多白酒和互联网的龙头股，我认为就是市场犯的短期错误，这就是市场给你抄底的机会。

4. 如何看待趋势投资

A股投资者对逃顶和抄底很热衷，我们也常常听到一句话，要将趋势融入骨髓。那到底这条路可不可行？如果想抓趋势，你骨子里一定是市场有效论的坚定支持者，所以你才会抓趋势，不然无从谈起。我虽然承认市场很多时候是有效的，但我并不认为趋势投资是一个非常容易做到的事情。我的观点是：趋势是大部分人形成的合力，合力才会产生趋势。但问题是投资的结果告诉你，大部分人的投资是失败的，这就产生了一个严重的悖论。如果大部分人造成了趋势，那么大家跟着趋势走是对的，大部分人应该是赚钱的，但结果却是相反的。这就说明，即便趋势投资是对的，也有很难的操作性。

很多人会做趋势的追随者，但当发现趋势成立时，实际上股价已经涨了一段时间，这时候股市经常会发生剧烈的波动，一波动就把人给甩出去了，我不相信多数人可以在所谓的趋势刚刚拐头时就能抓住机会，即使抓对了几次，我也不相信能一直对下去。所以，第一，趋势到底是不是对的，本身要打一个问号；第二，即便趋势是对的，这个事情很多人也是不适合做的。或者说，结果告诉我们，所谓的"跟着趋势走，把趋势融入骨髓"这句话只是说说而已。

因此，利用宏观分析结合技术分析去研究趋势，不是说它（趋势投资）一点用也没有，它在某些情况下是有用的，但这不是投资的根本。如果把精力花在这方面，就是舍本逐末了。

市场究竟是有效的还是无效的，这个问题见仁见智。我对这个问题的理解是：因市场"通常有效"而得出市场"总是有效"的结论，这个逻辑是荒谬的，两者的差异是巨大的。市场本身的对错，不可能每次都预测准。试图每次都能正确地预测市场的走势，盲目认为接下来的趋势一定是涨、是跌、是平，这样的逻辑就如同在黑夜中寻找光明，会陷入无限死循环而找不到出口永远在对与错之间摇摆。

当你深刻理解了市场定价的本质，并深入研究你非常有把握的企业，知道企业的股价 =EPS × PE；当你很清楚你准备投资的企业未来 EPS 确定增长，而且目前的 PE 确实比较吸引人，以这两点为基础，在"市场先生"犯错误的时候下重注，这样才会为你的投资带来丰厚的回报。

那么问题来了，当我们面对全球股市剧烈震荡的时候，该怎么做呢？如何分析手里的持股要不要抛掉？这个问题从 EPS 和 PE 两个维度给你提出了思考的方向。同样，如果我们决定抄底，我们下手哪些企业？是从市场上找 PE 最低的？还是选择短期跌幅最大的？

三、经典价值投资理论的四大基石

价值投资是指，以显著低于企业内在价值的折扣价格买入在自己能力圈范围内的公司股权，从而获得足够的安全边际，保护投资本金在重大风险事件发生的情况下不会遭受实质性的经济损失，长期持有，通过公司本身内在价值的增长，及其价格对价值的回归来取得长期良好、可靠的回报。

基石 1——内在价值

股票不仅仅是可以买卖的证券，它还代表对公司所有权的证书，是对公司的部分所有权。格雷厄姆说："短期是投票机，长期是称重器。"芒格说："优价买一般公司不如一般价格买优秀公司，品质大于价格。"要做优秀公司的收藏者，认真、耐心地钻研投资。

基石 2——安全边际

投资活动的本质是对未来的预测，预测的本质是概率分布，因此买入要具备足够的安全边际，用安全边际应对投资风险。无论一个企业未来看似有多么诱人，多么有成长性，以高估的价格买进，都是非常愚蠢的。这种付出过高价格的损失有多大，我们用事例来警示。

下面来看看高估买入招行股票的例子，2002年4月招行上市后到2005年8月，股价一直在1元（为了更形象说明，股价取前复权）以下波动。2007年10月31日股价24.85元，进入高估。如果当时以这个价位买入招行，从此至2017年7月12日才回到24.85元，用了近10年的利润才消化了高估进入低估。

巴菲特1988年开始买入可口可乐的股票，10年收益13倍，一半的贡献来自估值的提高。1988年可口可乐PE只有15倍，而到了1998年7月，股价为70美元，PE为48倍。盈利的上升加乘估值的上升，是标准的戴维斯双击。此时，巴菲特没有卖出可口可乐，而在此后的13年中，可口可乐的股价没有再增长，尽管期间可口可乐公司依然取得10%以上的利润增长率，13年间净利润增长了近四倍。由于它的估值从1998年过高的48倍下滑到2011年的13倍，估值下跌了73%，正好抵消了盈利的增长，这被称为失去的13年。

基石3——"市场先生"

市场只是工具，是为你服务的，并且在绝大多数时间里，它不能告诉你真正的价值是什么。巴菲特说，要比"市场先生"更了解生意的价值，不作预测，因为他的两个经济学家朋友的年度预测总是大相径庭，模糊的正确好过精确的错误。

基石4——能力圈

投资人可以通过长期的努力建立起自己的能力圈，没有边界的能力不是真正的能力。要追求少而精，0.9的10次方≈0.35。这是巴菲特投资理论的重大贡献。

在1991年的致股东信中，巴菲特写道："我们持续地寻找那种拥有容易被理解、有持久性、让人垂涎三尺的生意，并且由有才干且以股东利益为导向的管理层所经营的大型企业。仅具备这些条件还不足以保证结果一定令人满意，我们还需要以合理的价格买入且被投资公司的表现与我们当初所评估的结果保持一致。尽管如此，这种'寻找超级明星'的投资方法却为我们提供了走向成功的唯一机会。查理和我天资有限，再考虑到公司目前的资金规模，我们实在无法靠着灵巧地买卖一些普通企业的股权来赚取足够的收益，我们也不认为其他人能够以这种小蜜蜂在花朵间不停地飞来飞去的方法获取长久的成功。"

（一）投资和投机的区别

投资是赚企业成长的钱，投机则是赚交易对手的钱。投机者交易的标的仅仅是筹码，不在乎其内在价值，只在乎有没有人高价接盘。而投资则必须关注标的的内在价值，而不在乎有没有人高价接盘。只要企业内在价值增长了，自然能够卖出公道的价格。投机赚的是对手的钱，理论上就是赚概率的钱。投机不存在确定性，就是赚胜率和赔率。胜率可以不高，但是赔率必须高。《专业投机原理》的作者斯波朗迪认为，有三分之一的胜率就非常不错了。而《黑天鹅》的作者塔勒布认为，胜率可能只有个位数，它是赚小概率事件的极高赔率的钱。投机者如果不精算胜率和赔率，就是瞎折腾，完全凭感觉操作，让情绪控制交易，追涨杀跌是注定要失败的。

投机的核心是仓位管理，而不是预测，预测是亏损之源。市场短期是不可预测的，人心难测。基于博弈论，客观事实并不难推测出确定性结论。有些交易者就是要反其道而行，专门和市场作对。投机要根据事实判断自己的优势，判断不是预测，两者很不一样，判断只对过往事实负责，不推测未来。如果优势对自己有利，就可以下注。投机押错是难以避免的，甚至是家常便饭。押注错误就要用仓位来纠错，没有仓位纠正不了的错误。

投机第一定律：每次下注都是小仓位。首先要控制风险，必须设定最大风险值，亏损绝对不能超过最大风险，只有小仓位才能理性操作。斯波朗迪操作杠杆投机，每次出手不超过3%的仓位，最大一次亏损总本金的20%。海龟交易法也是杠杆交易，任何一次下注的最大风险都不超过总本金的10%。因为投机只能小仓位下注，如果操作没有杠杆的A股，每次押注以不超过10%的仓位为好，补仓以后最高仓位不超过20%为好。这样即使跌50%，风险也只有10%，可以始终保持理性操作。

投机第二定律：专业投机赚不了大钱。要想赚大钱就得重仓。当然高杠杆的投机交易也可以赚大钱，但那是豪赌，不是专业投机。专业投机利用大数定律，赚概率的钱，与豪赌完全不一样。所以想赚大钱只能做价值投资，只有分析清楚标的的内在价值才敢下重仓，投机则是赚小钱的娱乐游戏。另外，价值投资成交方式上一般采用市价成交。

格雷厄姆认为，以正确的精神态度对待价格波动永远是所有成功股票投资的试金石。精神态度永远比技巧更重要。

投机者的兴趣主要在于参与市场波动并从中获利，投资者的兴趣主要在以适当的价格取得并持有适当的股票。市场波动实际上对投机者很重要，因为市场波动带来的低价使他有机会聪明地购入股票，高价可以让他有机会聪明地抛售股票。投资者是否保持警惕和超然的态度，正是投资者和投机者的区别所在。但是无论股票如何涨跌，都应该避免过分激动。应该知道，我们既可以从价格的波动中获利，也可以忽视它们。我们不应该因为某只股票上涨了就买入，也不应该因为某只股票下跌了就卖出。如果能够永远记住这样一句格言，就可能不会犯下重大的错误，这句格言就是"股票剧涨之后不要买，而股票暴跌之后则不要卖"。

格雷厄姆指出，由于股票价格呈周期性和大范围的波动，因此，许多聪明的投资者对从价格的波动变化中谋取利润感兴趣。他们往往通过两种途径达到此目的：时机和价格。所谓时机，就是要致力于预测股票市场的行动——当认为将来市场上升时买入并持有，反之则卖出或不买。所谓价格，就是致力于当报价低于合理价格时买进股票，而当报价上升到超过该价格时卖出。

但格雷厄姆也同样确信，如果在预测的基础上，把重点放在时机上，这个投资者最后会成为一个投机者，从而得到投机者的结果。外行人不易看到二者之间的区别，而且华尔街也不认为二者之间存在区别。关于时机的理论还有一点很容易被忽视。对于投机者，时机具有心理上的重要性，因为他想在短时间内获取大笔利润，在他买的股票报价上升之前等待一年的想法是不适合他的。而等待的时间对投资者来说则无关紧要。如果没有得到某一有价值的信号，说明购买时机已经来到，投机者就不会投资。投机者只有在等待一段时间后，以相当的价格买入，才能赚取利润以抵消股息收入的损失。这也意味着对于投资者来说，时机没有真正的价值，除非它与价格一致，即除非它使投资者能比以前的卖价低得多的价格再次买入。

对于投资者来说，股票代表的是相应企业的部分所有权，债券则是给这些企业的贷款。投资者在比较市场价格和估测的价值之后作出买卖的决定，投资者相信从长远来看，证券价格趋向于反映相应企业的基本面。

股票投资者获利的三个方式：

1. 企业营运所产生的自由现金流，这反映在更高的股利和股息上；

2. 其他投资者愿意以更高的比率（市净率或市盈率）来购买股票，这反映在更高的股价上；

3. 缩小股票价格与企业价值之间的差距。

而投机者根据预测证券价格下一步会上涨还是下跌，并以此来买卖证券。他们对价格的未来走向预测不是基于基本面，而是试图揣摩其他人买卖的行为。他们大多将证券看作可以反复易手的纸张。投机者总是被预测股价走势所困扰，时刻关注每天的新闻、报道、资讯、市场传言，不停地对未来市场走向做出狂乱的推测。但投资者和投机者没有佩戴标识来区分，很多专业的投资者实际上从事的就是赤裸裸的投机行为。如果没有长期详细地观察他的行为，区分一个人是投资者还是投机者实际上非常困难。

沙丁鱼的故事

曾有一段时间，沙丁鱼从加利福尼亚州蒙特里的水域消失了，很多商品交易商乘机哄抬价格，致使沙丁鱼罐头价格一路高涨。有一天有个买家成功交易后决定打开一罐罐头来犒劳自己，但吃下去立刻觉得不适，因为罐头早已经变质了。买家马上找到卖家要求对方解释，卖家很奇怪地反问："你不知道这些沙丁鱼不是拿来吃的，而是拿来交易的吗？"投机给人以一种快速获得财富的前景，如果能快速致富，那么为什么还要慢慢变富呢？因此，投机者总是追随大流，而不是逆流。多数人认可的东西总是让人感到放心，他们从大多数人中获得信心。

有人会提出能否投资选股，投机买卖。投资有投资之道，投机也有投机的方法。投资者心中会有两杆秤，一杆来称量企业价值，一杆来称量市场趋势。而企业价值和市场趋势，短期内经常会发生背离，投资者有时为了价值标准而降低趋势标准的要求，有时为了趋势标准而降低价值标准的要求，投资者往往会由此陷入自相矛盾的困境而不能自拔。

有的人主张把价值投资和波段操作相结合，投资和投机相结合，说明还没有完全树立起正确的投资态度。一定要做一名纯粹的投资者，俗话说不要脚踏两条船，脚踏两船要落空。价值投资是纯粹的，不应和趋势投机、波段操作相结合。不借助于技术分析等投机工具，不是巴菲特与索罗斯的混搭组合。

芒格说："如果你把葡萄干和粪块混在一起，那它们都变成粪块了。"同理，如果把投资与投机混在一起，它的本质还是投机，那么投资也变成投机了。

（二）为什么做价值投资的都是高龄大叔

芒格说："40岁之前没有价值投资者。"虽然世上总有例外，但基本情况的确是这样，做价值投资的人基本都是高龄大叔，甚至大爷。我生活中接触到的投资做得好的人，年纪都偏大，极少有年轻人。

这些价值投资做得好的大叔们，曾经也是年轻人，而且无一例外曾经都是技术派，整天研究K线，追涨杀跌，一路杀到四五十岁，钱没赚到，身心俱疲，痛定思痛，逐渐转为价值派，买入优质公司股票，长期持有，慢慢变富。

从技术派到价值派的转变，是思想的转变，也是人生的转变，但是这个转变通常要花几十年时间。转变之后你会发现之前几十年学的东西、花费的时间，都白费了，一切都得从头再来。就好像武侠小说里面有些绝世武功，在练之前都要废掉以前的功夫，一切归零，以前的功夫废得越彻底越好。

在武侠小说中，废掉前面几十年的功力，又得练几十年才能练成绝世武功。而价值投资不一样，当你废掉以前的功力，你就已经成功了，因为这意味着你的思想已经转变过来了。价值投资就是一个观念的转变，是一瞬间的事情。然而，没有一定的人生积淀，很难完成这一瞬间的转变。

遗憾的是，当有些人转变过来的时候，年纪都很大了，而价值投资是一个漫长的过程，是以十年为单位的财富积累过程，当你年纪很大的时候，还有几个十年？所以做价值投资的人经常发出一句感叹，投资要趁早啊！

巴菲特之所以这么成功，有个重要的原因就是他悟得早而且活得久。他20多岁就开始积累财富，一直到现在90岁了还没有停止。悟得早，活得久，这两个条件具备一个就已经很不错了。我看到的很多投资人基本悟得都不早，只能靠活得久了，所以你能看到大多数投资成功的人，都保持着良好的生活习惯，比如健身。

从20岁就开始积累财富和从50岁开始积累财富有着天壤之别，但20岁的人不可能有耐心慢慢积累。世上之事就是这样，年轻人有足够的时间慢慢变富，却总想一夜暴富，等到老了，明白了人生不易，明白天下没有随便成功的事情，想踏踏实实地做点事情，却已经没有太多时间了。

我非常佩服褚时健。他70多岁时，虽疾病缠身，竟还能再次创业，而且还选择一个见效很慢的行业。种橘子，即使你种得再好，橘子树也不可能几天长大，需要好几年才能开花结果，这意味着前面几年都是投入，没有收获。对于一个70多岁的老人，有这样的耐心和勇气真的不容易。换成一个年轻人，能有这样的耐心吗？有很多年轻人，创业几个月甚至几天没看到效果就会放弃。

年轻人总会为自己的急功近利找到借口，比如起点低、本金少、要结婚、要买房，所以等不起。其实真正等不起的是年纪大的人，他们即使什么条件都比你好，但是他们的时间没你多，所以他们看到结果的心情比你更急。但是他们为什么还能慢慢地等，因为他们经历多了，就明白了，慢慢地等，总有机会看到结果，而急功近利很可能永远看不到结果。

做价值投资的人之所以都是年纪大的人，不是他们的智商比较高，而是他们经历得多，明白了很多浅显易懂的道理：人性急功近利，价投耐心守候；人性朝秦暮楚，价投坚如磐石；人性贪得无厌，价投但取一瓢；人性随波逐流，价投孤独前行。所有的这一切，都需要对世界、对社会、对自己有深刻的理解才能渐渐明白，而这些不是一个年轻人能轻易领悟的，哪怕他再聪明，学历再高。

在投资这个领域，心越慢结果越快，心越想快结果越慢。

（三）技术止损

技术止损是指依据技术形态来止损，例如破位，从高点回撤10%等。采用技术止损的通常都是每天看股票的人，包括职业投资者。大妈很少采用技术止损，因为大妈被深套后根本不看盘。最后你会发现，那些职业投资者的收益率可能连大妈都不如。这也许是最受争议的一条。因为国外很多的技术教材都说：坚决止损！我在这里不想去争论，我只把我的理由说出来。

我不执行技术止损，我只按逻辑止损。如果我卖出一只股票，那么一定是因为我发现自己的逻辑判断错误了，如果我觉得自己逻辑没错，那么这个股票即使跌了 50%，我也不会卖，我不仅不会卖，我反而会越跌越买。但是一旦我发现自己逻辑判断有误，那么我会毫不犹豫地全卖了，我不会在乎当前股价，哪怕已经盈利也坚持卖出。简而言之，我投资是靠逻辑，而不是靠技术分析。

采用技术止损有一个致命坏处：止损变相鼓励你不断换股，这跟"专一"是相违背的，是股民走向失败之路。如果你对自己经常止损毫不在意，甚至引以为豪，说明你的操作习惯已经学坏了。经常止损的人会把股票当成筹码，进场之前根本没深思熟虑，认为"反正不对劲就割了"，把买卖当成"一夜情"。但投资必须要把股票当成选老婆对待，老婆一旦选定了就不能轻易更改，否则很可能损失惨重。因此你才会在买入之前慎之又慎，把各种情形都考虑周全，货比三家后才动手买入。关键是人无完人、股无完股，如果你不能忍耐，动不动就止损，你会发现自己不管买什么股票最终都是止损收场，因为市场中不存在完美的股票。因此，技术止损的原罪在于，它会让你变得浮躁。只有禁止你轻易止损，你才会真正用长期的思维去审视股票。

（四）中美股市同期涨幅对比

过去人们常说中国股市不适合做价值投资，下表数据表明这种说法是完全错误的，在中国做长期价值投资的前途甚至优于美国，这与两国 GDP 增速是符合的。而大部分人亏损的原因恰恰在于选择赚快钱、炒短线，欲速则不达。与众不同方能白里透红，买股票就是买企业，千万不能有"炒"的心态，大道至简的投资理念：找优秀企业，合理估值，长期持有。

2004—2020 年中美同期上证 50 与道琼斯指数对比

	2004.1.2	2020.1.2	涨幅
上证50	997	3091	210%
道琼斯	10454	28869	176%

2005—2020 年中美同期沪深 300 与标普 500 指数对比

	2005.1.4	2020.1.4	涨幅
沪深300	995	4145	317%
标普500	1202	3235	169%

（五）价值投资可以分为三个门派：烟蒂派、成长派和融合派

烟蒂派祖师爷是格雷厄姆，强调企业价格要低于内在价值，收益来自价格回归价值；

成长派祖师爷是费雪，看重企业稳定成长（15%~30%），可以以适当或者较高的估值买入，收益来自企业的成长；

融合派祖师爷便是集大成者巴菲特，即低估时买入看似冷门，但随后凭借优异的管理层和良好的商业模式从低谷中走出，并步向辉煌的企业。例如巴菲特经典的投资案例，不仅享受了估值回归，同时可以长期持有享受企业的成长。

可以看出无论是哪门哪派，其核心都是"安全边际"。或者以折价作为安全垫，或者以高成长为安全垫，或者兼有，可见安全边际范围很广，包罗万象。

这三类门派入门难度由低到高为：成长派、烟蒂派和融合派。

（1）成长派难度低，是因为判断企业能以稳定、简单的商业模式不断成长，可以通过年报分析等得出（这里说的成长不包含中小创高速增长，其未来增速难以预测）。例如格力未来大概率能以 15%~25% 的速度增长，投资它每年就能获得增速收益。再如投资茅台、福耀等商业模式简单、估值已经在中值或者偏高的股票。投资这类股票不需要精通财务知识，仅需要不贪心。

（2）烟蒂派难度中等，是因为判断企业内在价值较难，需要对财务知识较为精通，且能对企业未来成长有一个清晰的认识，可以判断现金流

并折现。例如现在的银行股，是 A 股最洼地板块。但是这类企业一般 ROE 较低，最优秀的商业银行招商银行 ROE 也就 15%，其他很多银行 ROE 在个位数，投资这类企业更多的是享受估值的回归。《憨豆型投资者》统计美股估值回归需要 2~3 年，而 A 股远长于美股需要的时间。投资这类股票不仅需要精通财务知识，还需要足够的耐心。

（3）融合派难度最高，不仅因为其需要财务知识，而且需要有广泛的能力圈，需要你在不同行业不断搜索，找到被错杀的股票。这需要点运气，在某个行业或个股被错杀时你正好关注了它，且在你能力圈范围内，否则你不敢下重注或者拿不住。这种机会是给运气好且有准备的人预设的，可遇而不可求。

作为一名投资者应当放低对收益的预期，保持一颗平常心，才能实现第八奇迹——复利。银行理财年收益率是 5%，在股市能获得 15%，这已经是相当完美的收益。如果妄想年化 50%、甚至 100%，必然会铤而走险，最终沦为输家。

我们无法证明在不同经济周期里，借助市场的系统波动买卖股票可以获得盈利。在将近 20 年时间里，我在 5 个不同的投资组合里尝试过基于信贷周期理论的择时策略，却从未取得一次成功。——约翰·凯恩斯

不要浪费你的时间和精力去分析什么政治经济形势，不要浪费你的时间和精力去看每日股票的涨跌。你为它们花的时间越多，你就越容易陷入思想的混乱并难以自拔。——沃伦·巴菲特

我从来没有通过预测宏观经济的变化赚到过一分钱。——查理·芒格

不同流派的风格和特点

流派	烟蒂派	成长股	融合派	投机派	消极派
代表人物	格雷厄姆	费雪	芒格、段永平	中国散户	法玛
代表作	《证券分析》《聪明的投资者》	《怎么选择成长股》	《穷查理宝典》	《次新股》	有效市场理论

续表

流派	烟蒂派	成长股	融合派	投机派	消极派
选股特点	非常便宜的烟蒂股	有一定竞争壁垒的成长股	最优秀的公司	有"故事"的公司	指数
代表性公司（股票）	香港的仙股	比亚迪、大族、信维、老板、网宿	茅台、腾讯、苹果	次新股、ST股、题材股	上证指数
典型特点	算净资产	看研报、调研、打电话	喝茶、度假、跑马	盯盘、划线、交易	坐等

第二章 扬长避短忌急功近利

一、牛顿第四定律：运动有害投资

很久以前，牛顿爵士提出了三条运动定律，这是天才的贡献。但牛顿爵士的天才并未延伸到投资领域，他在南海泡沫事件中损失了大笔财富。对此，他总结道："我能计算出星体的运行，但无法计算出人类的疯狂。"如果不是受这一重大损失的打击，牛顿爵士或许可以发现第四运动定律：投资者的整体回报，随着交易频率的上升而减少。

摩擦成本，是投资学中的一个重要概念。我们都知道资金是有时间成本的，活期利息与定期利息便是明证。农民种田，种下秧苗后不会隔三差五去拔起来看看，但投资中三五天换股甚至日内交易却司空见惯。我的投资观很明确：股市不利于过客，有利于居民。对短期利益的贪婪就是对长期利益的最大漠视。

费雪在早年时也尝试过做短线交易，但是他后来总结得出结论，短线交易占用了太多的时间和精力，并且短线操作的总利润远不如采取长期投资、持有获得的利润。另外，他还发现短线轻仓操作连续成功三次之后，第四次交易发生灾难的可能性大大提高。短线交易所承担的风险比买同等数量且前景较好的公司股票并长期持有的风险要高出很多，所以他在第二次世界大战以后就作出了职业生涯中非常宝贵的决定，就是把所有的精力都用到通过长期投资赚取大额利润上。

二、股市里两种人玩着两种游戏

大家都自称投资者，不过只有很少的人在股市里真正做投资，大多数人做的事情不过是以投资名义为幌子的投机而已，他们又叫这种投机为"炒股"。没人承认自己是投机者，但其本质上跟投资活动完全不同，真正的投资活动有严格标准。市场中绝大多数人都是投机客，他们在市场上就像赌客在赌场上，两只眼睛始终盯着别人，猜测别人的一举一动，希望自己能在一个"人为利器我为嫩韭"的夺命游戏中逢凶化吉。从概率上讲，普通投资者在这种赌博游戏中没胜算，赌多少输多少，所以最好别玩为妙。道理其实很简单，这是负和游戏，除了设局诓你钱的和开赌场收手续费的，所有玩家只要不及时抽身，玩久了全是输家。但是很多赌客总是听不进去，他们总以为自己技高一筹，失败的永远是别人，他们的理性被蒙蔽，掉进别人故意设下的陷阱里却浑然不知。现代商业社会（包括股市）充满了这类伎俩，所以索罗斯说市场（现代经济）是谎言和假象的连续剧。他是对的，市场在有些方面就是内行蒙外行的骗人把戏。在我们常见的赌博游戏中，你的对手往往都是些人品不良的人，他们会千方百计算计你，掏光你口袋里的每一分钱。

不过，在市场中还真有另外一种靠谱的游戏，可以让那些看透市场的老实人有另外一种玩法，这就是投资游戏了。投资即老老实实投资几家公司，陪伴公司经过风雨考验一起成长，靠规规矩矩的经营从公司里面慢慢赚钱，这是条表面很难但其实更好走的路，因为没多少竞争者。真正聪明的投资人大都在这条路上，这条路赚钱不快但走得更长远。能走这条路的人，一般都是实在人，他们没想像炒股者那样从市场捞油水，他们有自己不失尊严的生存之道，以实业态度经营自己的投资。投资这个游戏是少数普通投资者胜算最大的游戏，只要自己不乱来，几乎不会亏钱。这个游戏对普通投资人要求略高，因为你要能管住自己。要做好自我管理就两件事，保持自己的理性和管好自己的时间（认真作出几个好的选择，然后长期坚持自己的选择）。如果你买的是一家经过自己详细评估后价格不合适又不靠谱的公司，你根本不该选它并陪它玩下去。

在你自己必赢的投资游戏中，你对自己唯一的要求其实很简单，即自律。你必须坚守原则，不能向外部环境妥协，只能做很少但符合常识和理性的几件事。你得管好自己，不要失于情绪，这是游戏的重点，也是游戏的难点，疏于自律的人玩不好这个游戏，因为他不能坚持，走到半路就放弃了。真正能在这个游戏中玩到顶级的人都不是等闲之辈，他们在关键的事物上异于常人，他们在自己有很大胜算的游戏里信心百倍，他们更像经验丰富的老猎人，只在自己熟悉的环境里活动，所以时间必然在他们这一边，在他们该胜的时候把猎物交到他们手上。

玩这样的游戏难吗？既难也不难，本质就是选择和坚持。如果你不想作为猎物，那么就做一个好猎手，只有这样一种玩法能让你赢。投资就是这种游戏，赢的办法就一个，输的花样有百种，不然怎么让你上当，以为"这次不一样"！

赌场生存最理性的选择是不赌，股市最靠谱的活法是不炒股，因为这些赌博的游戏中，胜的概率不在自己这边，时间更对自己不利，玩得越久败得越惨。很可惜，很多人不明白这个道理，也可能有的人明白道理，但是习惯的力量捆绑了他们，他们难以知行合一。这个世界对大多数人极不公平，有意让一部分人开窍，又故意让大多数人蒙在鼓里。

失败者的命本来在自己手里，而且生命只有一条，可是他们的所作所为好似上天给了自己一千条命可以随便浪费似的，死几次都不要紧。在小事上斤斤计较，在大事上稀里糊涂，这是普通人的通病。我们过去掉过的坑很多，根本原因是我们没有以年为单位的时间维度，更没有以十年为单位的广阔视野，我们只活在分秒之间，像飞蛾鸣虫一般只争朝夕，其实，哪有那么紧迫的事情。作为一个人，一个天地间贵重的受造物，一个世界旅行者，一个时间的主人，我们完全可以从容镇定地做一切事，包括自己的自由与幸福，财富只是我们追求自由的副产品而已。可是你看，多少人把时间当成了捆缚和麻烦，对需要等待的东西一点也不耐烦，在与市场对手的竞争中对自己更没信心，还未战斗便纷纷举手缴械投降。人生是精彩的，我们每个人自带无人能及的一份天赋，世界是我们一展身手的竞技场，谁规定你一定得顺从别人的意图玩那种必然失败的游戏呢？关键在于你自己，你认为你行，你就能行，你得找到自己能发挥能力的地方。

在自己有优势的地方守好自己。投资是时间的艺术，对时间不友善的人不会有好结果。真正有眼光的投资者一定会选择做时间的朋友，与时间同老，真正的赢家只会与时间结盟，只打自己有把握的仗。做一个价值投资者，让自己永远葆有那些经过时间考验的品质，保持自律和耐心，时间自然就站在你这一边。

三、江南四大才子：最笨的那个人为什么最成功

明代的苏州，有四户人家。这四户人家后来在历史上出名，都因为家里的小孩。这四个小孩，自小是这样的——

甲：5岁能写大字，读书过目成诵，9岁能作诗，被称为"神童"。

乙：性极聪颖，才锋无前，16岁参加秀才考试，中了第一名。

丙：2岁还不会说话，不会走路，6岁仍站立不稳，9岁尚口齿不清。

丁：天性聪颖，少长文理，家里连一本藏书都没有，却自幼无所不通。

很明显，这是三个神童和一个笨小孩的故事。若干年后，他们各自的情况如下。

甲：书法一绝，人称"明朝狂草第一人"。

乙：乡试第一名，随后卷入科场案，从此游荡江湖，终成一代名画家。

丙：一生九次参加乡试，均落榜而归，苦熬终成一代宗师，诗、文、书、

画俱佳，人称"四绝全才"。

丁：26岁中进士，因貌丑不得入翰林，33岁病逝，诗写得极好，被誉为"吴中诗冠"。

时间终究抹平了童年的差距，四人皆各有所成，青史留名。出人意料的是，自小最笨的那一个，成就最大。

甲：祝枝山，1460—1526年；乙：唐伯虎，1470—1524年；丙：文徵明，1470—1559年；丁：徐祯卿，1479—1511年。

他们正是传说中的"江南四大才子"，按正史的叫法，是"吴中四才子"。进入1510年代，四大才子中最年轻的徐祯卿，最早离开人世。到了1520年代中后期，唐伯虎在悲苦中死去，祝枝山在不服中离世。

只剩下文徵明，开窍最晚的那个人，孤独地多活了三分之一个世纪。

到90岁那年，文徵明安然离世时，江南四大才子的时代才彻底落幕。而当时许多人家中两三代人都听着文徵明的名声长大，一直以为他是作古已久的历史人物，没想到他活了那么久。俗话说，熬得住出众，熬不住出局。时间对每个人都是公平的。

四、2008年金融危机的启示

一则雪球上的投资故事，很有代表性，2008年的金融危机与现在的经济金融局面也有诸多相似之处。

投资是过去经验的累积。常想起2008年，那次市场大波动时我只是个"菜鸟"，对股市的了解非常幼稚，天真地认为在市场赚钱就是靠"炒"，哪儿人多就往哪儿凑，岂知热闹的地方踩踏也多。

作为菜鸟，那时的我对公司毫无兴趣，关注的重点全是市场，因为研究公司不像研究市场有意思，像吃一盘别人吃剩的菜索然无味。肤浅的我，就一直浮在市场表面，对市场本质(企业经营)不情愿往深里多探出半步，随后的失败和亏钱是注定的。

2008年市场波动时，我像看剧一般从头到尾一幕幕看过来。那年，我胆子特别小，一直空着仓等入场机会，可到底买什么其实根本就没有具体目标，因为关注的重点不对，个人投资水平又太烂，根本没入道，所以即便那年对价值投资者是天赐的良机，我还是白白浪费了一整年的机会。

当年的我实在太愚蠢了，而且心态非常不好。我那时是个无药可救的悲观者，从开始就被社会上普遍传染的恐惧症感染了。当时资讯还不发达，平时只能看看电视，某些经济学家的悲观给我留下了深刻印象，看他的节目感觉像看医生，其实是同病相怜，他的影响只是不断加重了我的病情。整整一年我都等着世界末日，因为这些专家坚定认为2008年的市场发展下去，就是20世纪30年代美国华尔街灾难片的翻版，我竟深以为然。但后来的事实证明我错了，那不但不是灾难片，反而是投资者十年一遇的机会。机会只给有准备的人，那年天上一直在下金子，但落在我身上时，我完全无感，感觉全是伤人的刀子。

投资中重要的是选择，选择大于努力。是选择长远还是眼前，选择内在还是外在，选择孤独还是选择大众，选择慢还是选择快，选择投资还是投机，选择乐观还是选择悲观……可惜当时我选择做个悲观者，做悲观者在当时很流行，因为大家认同你，你说什么都好像正确无比，就像政客的政治正确，听众挑不出啥毛病来。尽管"悲观者正确"能赢得视听，但在投资中并不是什么好事，不但不会为投资人赚一分钱，反而会误导他们掉进错误的情绪中，一再误判形势。

多年后我才明白：一个成功的投资人不应该在大家都悲观时悲观，相反更要有自己独到的见识，逆向思考永远是投资人特有的一项能力。其根源在于大众在市场上经常是错的，我无意贬低大众，我自己也是普通人一个，但投资这活儿不能随大流，大众很在意眼前的东西，而对内在的长远的价值几乎无视。再后来我明白了，理性在投资中的存在是很稀缺的，只有理性才能发现和创造价值。但大众不会给你理性的机会，他们要的是同化你、传染你，这是价值投资人在人际交往中的困顿之处。在这几年的价值投资实践中，我体会较深的是，我的一些有价值的想法往往没人可以商讨，都是独自理性思考的结果。价值投资是独行道，巴菲特找芒格搭伴，因为一个人走太孤独，价投知易行难。

做个理性的投资者是不易的，靠的是高度自律和对选择大道的信仰升华。我庆幸自己在经过教训后，于几年前把股票这件事想明白了。价值投资从改变自我做起，我这些年从性情心态到眼界都改变了很多。以前身上住着的那个很不理性的投机者被永远放逐了，取而代之的是一个谨慎理性的稳重投资人。我从内而外都发生很大变化，愿意更乐观地面对一切，愿意从长远考虑事物的意义，愿意等待和忍耐，愿意接受事物的本来样子，看什么都顺眼了。我认为，保持乐观的心态是一个投资人必须要过的一个关卡，即心理关。不积极的心态在投资中的后果就是情绪失衡，缺乏稳定性，承受不起任何可能的结果，当然包括好的机会，让机会在手边白白溜走。

"悲观者正确"给我留下的遗憾和教训，这辈子经历一次就够了，所以当2020年新冠疫情爆发，世界又被恐慌统治时，我提醒自己必须要有一个正确的心态，这比什么都重要。什么是正确的心态呢？首先我们不应该慌，这种情绪不会产生任何价值，只会无谓地消耗自己，就算事情没想象的那么好，也没想象的那么差，真到了接近极点的时候，真正的风险也都在恐慌中释放了。其次，历史证明每次市场集体恐慌时都是价值暴露时，是价投贪婪的大好时机，如果我们还有购买力，就要定下神来好好寻觅一下，如果好资产变得足够便宜，买就是了，真金不怕火炼，时间久了总会值钱的。最后，乐观可以让你活更长时间，让你有机会做自己在不同年龄想做的事，过有价值的一生。

悲观是消磨人的煞星，有些人整天幻想世界末日，可能还没到世界末日，他们就已被自己幻想的末日吓死了。人类发展的步伐不会停止，距2008年已过去了12年，现在回看当时，真是十年一遇的好机会。2020、2021年是不是也有同样的机会呢，我相信会有，因为我对中国和人类的前途有信心，现在全世界遇到的困难都是暂时的，人类社会经常会遇到各种各样的挑战，但没有过不去的坎儿。胜利属于乐观的进取者，他们在正确的方向上押注。

在投资世界，巨大的挑战往往意味着巨大的机会，巨大的机会不属于恐慌的悲观者，因为他们会在挑战面前夺路而逃，机会只会给那些在逆境中积极进取的乐观者。这次我选择乐观，我们改变不了大众，但我们可以改变自己，让自己在众人不理智时有个正确的心态，千万不能随众起舞。价值投资是逆行者，大众越是不镇定时我们越要镇定，为自己有更好的未来提前布局。当恐慌的气氛流行时，做个逆行的价投者总显得不合时宜，不过你只要心里感觉舒服就可以了。

投资是一场竞赛，应该有正确的临战状态，信心十足地睁大眼睛，去发掘那些在市场集体打折甩卖时，其内在价值被错误标价出售的优质资产。这些优质资产现在打折越狠，将来市况恢复时会涨得越高。

价值投资，难的是客观，我们既不高估别人，也不高估自己。市场没你想的那么强大，有时就是大众的乌合，它没目的没感觉，风一样不可捉摸；你也不弱，不是纸做的，随风凌乱没点定力。市场是纸老虎，你认为它厉害它就厉害，你认为它无关紧要它就无关紧要。你不睬它，它伤不了你半根汗毛。投资是在战场上对垒，打仗必须有信心。如果仗未开打你先怂了，这仗还怎么打。

五、长期持有的前提

要想做到长期持有，必须解决两个问题，一是对手中股票的基本情况有足够多的了解；二是买入的价格足够低。

先谈谈第一个问题，你只有充分了解一个人，才敢借钱给他，不可能在大街上碰到一个人向你借钱，你就借给他。但这个基本的常识在股市中就没人信，有的人看到一只股票涨得好就买，听同事说一只股票是大牛股就买，还有更滑稽的是，看到股票名字起得好听就买，根本就没有注意到股票后面是魔鬼还是天使。赌场有"抽水"，股市有印花税和佣金，只要存在这些项目，参与者赢的概率就小于50%，长期下来，冲动交易必死无疑。

股票锚定的是公司，所以研究基本面就是要找出天使一般的公司。一般来说，这种公司长得漂亮、出身高贵、品质善良，只有这样的公司才值得长相厮守。

再谈谈第二个问题。要想实现长期持有，低位买入非常重要。毕竟一个人的忍耐力是有限的，假设你在高价位买入一只好股票，之后股价经历数年的下跌，也就是你账户在数年间一直处于浮亏状态，此时，就算你心理再强大，那种滋味也不好受。并且在漫长的等待过程中，变数太大，难保某一困难时刻不变心。所以，宁可暂时不出手，等等好价格。若买入价格足够低，股价下降空间就非常小。即使账户一直只有少量浮盈，但看着好看，心里舒服，没有负担，有助于长期持有。

六、周期的客观需要

万物皆有周期，在股市里有四种周期不断地叠加扰乱市场，即股市周期、行业周期、公司周期、股价周期。其实股价周期大多数时候是一个被动周期，它大多时间是另外三种周期运行后呈现的结果，只在极盛或极衰时启动。

股市是一个运行极其复杂的混沌体系，从中抽丝剥茧可以抽离总结出这四种周期，用周期理论来解释这一切。有些人专注于研究公司基本面，认为投资只需要深入研究某个公司基本面就行了。有些人专注于研究行业，认为研究透了行业规律（行业周期）就可以无往不胜。还有些人专注于研究技术面，信仰技术分析，善于趋势跟踪。但是无论你研究哪一方面，长期下来就会发现，有时候你的方法挺管用，有时候完全无效。这是因为你割裂地看问题，没有将这四种周期融合在一起考虑问题的本质。如果只看基本面、研究财报就能做好投资，那世界上的钱都被财务会计们赚走了。

这四种周期叠加运行，非常复杂，只能被发现而不能被运用。

很多价值投资者都知道，要在研究基本面的基础上做到长期持有，但是他们只知道这些是大师们的教诲，能说出一些诸如"一个公司可以低估多长时间没人能知道，但是价值在股价上的呈现只会迟到不会缺席，必须长期持有，享受公司不断发展带来的红利"之类的话来解释，这些话当然是对的，无可争议。但是股价其实和公司本身是一种游离的关系，股价很多时候并不代表公司本身真正的价值，这也是价值投资理念的根源。

为什么价值投资者大多选择长期持有？

因为在影响股价主要的三种周期里，股市周期、行业周期和公司周期运行非常复杂，基本没人能同时把握。所以，价值投资者选择放弃研究股市周期，只在股市周期向下的情况下（因为这时候赢面最大）买入自己研究透彻并认为价值低估的公司，然后等待另外两个周期的主动到来。

三种周期中，股市周期可以主观感受到，但是即使能主观感受到也无法在最低价时买入。行业周期相对公司内在价值更难把握，舍繁就简之下，研究单个公司的内在价值相对容易些。所以在股市投资中，你只能选择一种行为逻辑坚持不动，把握住一种周期，在周期处于相对底部时买入，等待其他周期主动过来，然后产生的结果是两三种周期共振向上，股价大涨，从而体现内在价值甚至产生泡沫。

第三章 举足轻重忌蜻蜓点水

一、仓位是轻还是重，满仓还是空仓

经常跟一些做私募基金的朋友交流，有人说发现一个秘密，过去十几年业绩最优秀的一些私募机构几乎都是常年重仓或满仓的，反倒是总想做波段低吸高抛的业绩比较差。只有一直重仓寻找便宜机会做多的人，才可能是最终的赢家。或者说，最终的收益率排名靠前的，都是长期重仓寻找机会做多的人。当然在集体价格贵得离谱的时候，也需要调整。

重要的是正确性的量级，而不是正确的频率。

你的决定是正确或错误并不是最重要的，最重要的是你正确的时候能赚多少钱、错误的时候会亏多少钱。拥有自信或者持仓较小都无济于事。如果在一个赌注中你赢的几率足够大，那么就大举押注。当索罗斯觉得他自己是正确的时候，几乎没有哪个投资者能够比他下更大的注。一直保持忙碌的交易状态就会产生很多的费用和错误，有时候不那么活跃往往是一个投资者能做的最好的事情。如果投资是一种娱乐消遣，你从中得到了乐趣，那你可能没有赚到大钱。真正好的投资都是无聊的，如果你因为投资而非常兴奋，那么你可能是在赌博，而非投资。不把自己当赌客的最好方式就是只在几率有利于你时押注。

战略上举重若轻，赚大钱不赚小钱；战术上举轻若重，关注细节。

负重前行而掌控自如是举重若轻，易如反掌而越加小心是举轻若重。在困难面前要举重若轻，在幸福面前要举轻若重。举重若轻者，搬山如摘花；举轻若重者，摘花如搬山。举重若轻就是有胆，不被问题吓住；举轻若重就是有识，再小的事情也严肃对待，条理清楚。举重若轻是一种气魄，重大任务前要举重若轻；而举轻若重是一种态度，细小工作中要举轻若重。举重若轻是胸有全局，善谋大局；举轻若重是审慎对待每一枚棋子，认真下好每一枚棋子。

$$1.01^{365}=37.8$$
$$0.99^{365}=0.03$$
$$1.02^{365}=1377.4$$
$$0.98^{365}=0.0006$$

细节决定成败

与时俱进，不进则退。请警惕，每天只比你努力一点点的人，其实，已经甩你太远。

学会了举重若轻，就会觉得大事不大，变压力为动力；学会了举轻若重，就会感到小事不小，老老实实做好小事。举轻若重道行差，举重倍重不堪任；举重若轻道行高，举轻倍轻堪大任。战略上举重若轻，改革设计必须是举重若轻；战术上举轻若重，改革实践必须是举轻若重。

练习时举轻若重，关键时刻才能举重若轻；审题举轻若重，解题举重若轻。

对于人生处事的态度，我们要做到举重若轻，同时也要做到举轻若重，关键的时候还要把握好两者之间的平衡。管10个乖孩子的难度远小于管3个调皮的孩子。银行理财无风险收益4%；贷款利率5%（相当于全部企业平均利润率），与GDP增速接近；上市公司平均利润10%；沪深300优质公司15%；TOP10龙头企业20%。这些数据都说明应当投股市、投龙头企业。

二、定价错误

价值主要由两大部分构成，即过去成长形成的存量价值和未来成长蕴含的增量价值。对于市场、行业、个股的定价错误相应也由这两部分产生。存量定价错误容易发现，增量定价错误判别较难。这个问题，雷春鸣在《超额收益的唯一来源：定价错误》一文中做了较好的概括。

我们将一项投资理论上应获得的回报，即应得收益称为合理收益。一般来说，长期看社会或市场真实平均收益将无限接近此收益。那么一项投资中，我们获得额外的超过此应得收益的部分，就称为超额收益。有时我们只想获得平均收益就满足了，这时我们可以采取一种并不需要花费太多精力（称为被动投资）的投资手段就可以达到预期，例如投资指数基金。而我们大部分人做的投资活动则称为主动投资，期望获取超额收益就是主动投资的唯一原因，当然最后是否能达到愿望，则往往是另一个充满悲欢离合的故事。

那么超额收益是真的存在，还只是一个遥不可及的梦？"有效市场理论"主要讨论的就是这个问题，它的结论用一句话来简单概括：超越市场从而获得超额收益这件事是一个根本不可能实现的梦。当然，和那些理论学家不同的是，以巴菲特、芒格为首的实战派，以及包括很多自诩为"价值投资"的投资者们，并不同意这个说法。理论上，在这场"付出成本，获得收益"的游戏中，无论投资还是投机，我们能获得超额收益的唯一原因就是市场先生对标的的错误定价。那么，出现定价错误都有哪些情况呢？先抛开投机不说，单就二级股票市场狭义的投资来说，主要的定价错误情况可以分为如下三类：整体定价错误、集体定价错误和个体定价错误。

（一）整体定价错误

整体定价错误就是整个市场出现了错误的定价，这时几乎整个市场全部低估，或全部高估，只是程度不同。这是一种时常出现的情况，尤其是个人投资者参与较多、不成熟的市场更容易出现。有时其错误程度达到了匪夷所思的地步，不用计算，不用深入分析，仅靠直觉就能感知到整个市场那种巨大的扭曲和不合理。就像迎面走过来一个巨大的胖子，不用计算体重系数，甚至不用睁开眼睛，我们从地面传来的余震都知道他一定是超重了。所以这种定价错误情况的判断是最容易的，也是相当准确的，误判概率很低，这就意味着在这种情况下获取超额收益的确定性是最高的。

由于社会经济自然的周期性起伏现象永远存在，所以出现这种情况的原因的导火索很多，具体看上去每次都可能不同，但归根结底只有一个：人性的羊群效应。因为人的生存本能决定了其社会性动物的本质，从远古时代以来，人类为了提高生存几率，本能就会随大流避险，落单就可能随时会有生命危险。羊群奔跑逃命时，无法允许自己做更多的理性思考，更不要说做出特立独行的事来，因为这种选择的生存可能性是最大的，先跟着跑再说。虽然现代社会已经没有这种危险，但我们的身体进化却并没有跟上社会的发展，所以我们无法违抗本能。就像芒格所说，只要我们大脑生物组成不变，我们就无法摆脱它的一切决定，尽管有时我们明知道那是愚蠢的。

羊群效应的具体效果就是，当经济 +5 时，羊群效应会让定价 +10，甚至 +20、+30……这就让经济繁荣时，市场自动出现一个偏向泡沫的错误定价。尤其对于那些一般公司，此时错误定价的确定性更高。相应地，当经济 -5 时，羊群效应又会让定价 -10，甚至 -20、-30……这就让经济萎靡时，自动出现一个偏向过度悲观的错误定价，尤其对于那些优秀的公司来说，此时错误定价的确定性也更高。就像一个钟摆在最中间是停不住的，总是会摆过头，具体过头多少要看"这群羊"的疯癫程度。

而这种情况将周而复始，永无结束。在 A 股市场，一直有规律地、周期性地上演着这些故事。历史上 A 股大约平均每 20 个月就会上演一次整体定价错误，平均每 40 个月就完成一个周期，完成两次大规模羊群迁徙（定价错误），一次向南迁到赤道（定价太高，泡沫），一次向北迁到北极（定价太低,悲观)。其中大约只有三分之一的时间(近 14 个月)是向南,剩下大约三分之二的时间(近 27 个月)是向北迁,即亢奋的时间比悲观时间短。如果说亢奋让人感觉是快乐的,而悲观是抑郁的,那么总体来说,A 股投资者的长期平均幸福快乐指数是很低的。

然而,正是这一切创造了超额收益。至于哪些人最终能拿到这些超额收益,就要看你对自己改变了多少。实际上,羊群效应来自内心过于看重自己,说白了就是自私怕死,因为这时本能就会自动跑出来保护自己,导致不能客观看待这个世界。如果从根本上改变这一特性,以第三方的无我视角旁观这个市场,自然就会从羊群中脱离。

整体定价错误的特征:

判断难度低;

准确度高;

需要判断能力低;

需要工作少;

超额收益的确定性高。

(二)集体定价错误

集体定价错误是指,虽然市场整体平均定价可能表现合理,但市场中符合某一特征的同类股票出现集体错误定价。这个特征可以是同属于某个行业,也可以是具有某种概念。

集体定价错误的原因除包含上述整体定价错误的一切原因外,还包含一些和这个特征相关的具体因素。如果同时也存在整体定价错误,那么这些因素会通过这个集体错误定价的二次叠加,将羊群效应推向极致。更进一步,当悲观向下集体定价错误时,很可能错杀属于这一特征的某些优秀公司;当亢奋向上集体定价错误时,就很可能错捧属于这一特征的那些一般公司(但就算这种情况,我建议也不要做空,因为无法预估定价错误的深度和时长)。

出现集体定价错误的具体因素有很多，有时是因为某一个热门概念，导致只要和这个概念沾边的都被热捧。实际上，理性分析预期增加的真实收益并没有多少，更不用说支撑市场的疯狂涨幅，导致定价过高的错误。有时是因为行业的一次性事件，可能短期有影响，但羊群效应往往导致价格反应过度，过犹不及，比如前些年的白酒塑化剂事件、奶制品行业的三聚氰胺事件。有时是因为对行业未来长期的某种担心，也会产生这种定价错误，哪怕逐渐证明事情发展并没有想象的糟糕，但因为羊群已经习惯了在那个方向的群体生活，并没有多少羊意识到春天来了，回头就是大片嫩绿的草原，偶尔有几只特立独行的羊跳出来，哪怕吃到了很多嫩草，也会被其他羊嘲笑，所以这种定价错误往往是持久而夸张的。比如这些年的银行股，因为对行业未来、规模、坏账等的担心，以及国外金融危机的示范效应，就属于典型的集体定价错误，对于那些跳出来吃草的羊——这段时间长期持有银行股的人都获得了超额收益，尽管可能超额的并不是很多，因为银行集体定价错误还在继续。

集体定价错误的特征：

判断难度中；

准确度中；

需要判断能力中；

需要工作中；

超额收益的确定性中。

（三）个体定价错误

当发生整体或集体定价错误时，包含其中的个体本身已经是定价错误。但顾名思义，这里的个体定价错误是指除上述定价错误之外的只发生在某个股自身的估值错误。毋庸置疑，任何定价错误都包含前述人性的非理性原因。但个体定价错误还由很多其他因素造成，归纳起来可能有以下几类：将一次性利空或利好的短期影响当成长期影响；实际影响很小的利好或利空因素被当成很大的因素；长期的竞争优势被忽略，因为短期的业绩正常波动，低估了长远的价值；因为一些莫须有的概念或期望，对"差生明天变优等生"产生不切实际的幻想。

这里重点说一下第二类，即长期竞争优势被低估导致的定价错误，这是和羊群效应相当不同的一类定价错误因素。这也是前文提到的两大超额收益的基石之一。对于极少数具有宽深护城河的优秀公司，通过对它们正常的估值所做出的定价，往往是过低的。导致这种情况出现的原因，仍可以从人性的一个短视因素中找到答案，即我们的头脑倾向于反延时满足的趋向。在投资中，我们往往高估自己一年的获利能力，而低估自己一生的获利能力，这种倾向具体体现出来就是我们不愿意慢慢变富，对于优秀公司尤其如此。在我们的绝对估值方法中，比如现金流折现估值，我们对其低估的因素并不体现在对长期增长率的速率估计，而是来自对其增长率持续时间的低估。比如在两阶段模型中，一般情况，在第一阶段我们会给出一个10年期的增长率，然后就是永续增长。实际上，对于那些非常优秀的公司，低估的不是这个增长率，而是这个10年期。这些公司往往可以以一个稍低的中等增长速度增长得更久，比如20年、30年，甚至更长时间。长期看，这将导致我们对其内在价值的严重低估，这也是以合理价买入然后持有优秀公司策略可以获得超额收益的真正原因。

但是，需要清楚的是，对于这类个体定价错误，判断的难度是高于前述两大类的。因为个体千差万别，具体的情况和外部环境也各不相同，考虑稍有不周，就可能漏掉对于我们判断产生重要影响的元素。所以对判断研究能力要求也较高，准确度还不一定有保障。

个体定价错误的特征：

判断难度高；

准确度低；

需要判断能力高；

需要工作多；

超额收益的确定性低。

总之，这三类定价错误按准确度或确定性排序为整体 > 集体 > 个体。进一步说，如果我们能三者合一，在整体定价错误时，找到其中某个集体的定价错误，最终再在其中找出某个个体的定价错误，三者叠加，将能进一步提高准确度和确定性。如果当个体出现利空时或者因个人能力有限而导致第三个判断比较困难、没有信心，那么我们可以利用前两者的二重叠加，再加上个体的第三类因素对优秀公司的判断，这样形成两重半的叠加效应也足以让人满意了。当然，准确度和确定性的高低，并不能代表超额收益的高低，但它可能提供一个更佳的风险收益比、期望收益，或者性价比。如果在一条线的两端，一端代表投资，一端代表赌博，所有的投资者都在这条线上，那么这种准确度和确定性的追求将带领我们更接近投资那端。

三、投资者时间和精力的分配

除了仓位的轻重，投资者时间和精力的分配也是一个非常重要的问题。

（一）时间是每个人唯一稀缺的资产，要学会研究最重要的问题

做研究最为重要的是时间管理，我们每一个人最稀缺的就是时间。研究工作面对的是一个非常复杂、非结构化的海量信息。时间的稀缺性与信息的无限性就会派生出下面两个问题。

1. 要研究最重要的问题

我们研究的应该是大问题，要把握的是产业与企业的大方向，并在判断与决策上获得大概率上的正确。概括起来就是，大问题、大方向、大概率。无论是资深的分析师还是刚从学校毕业的初学者，都一样要去学习站在产业的最高处、最前沿，以企业老板的角度去思考问题，即使在一些细枝末节的问题上做得很完美，其价值也是有限的。大问题上的模糊准确远远比

小问题上的完美精确更为重要。

2. 在正确的路径上持续积累

解决效率问题的第一步是要树立科学合理的研究方法，然后通过不断地学习，去持续优化这个思维框架与方法体系。要在正确的路径上持续地积累，守正出奇。不能在丛林里面的羊肠小道上奔跑，要找到穿越丛林的阳关大道。在正确的道路上即便像乌龟一样爬也能爬到终点，而在无方向的丛林里奔走却可能一直迷失。在正确路径上，持续积累的力量是非常强大的。

（二）四个维度去思考什么是最重要的问题

什么是最重要的问题？可以通过四个逻辑框架去思考，即宏观逻辑、产业逻辑、业务逻辑与财务逻辑。

宏观逻辑，包括宏观经济因素，还要从社会思潮、群体心理、政经关系等大格局去看问题。比如在全球化和互联网的大环境下，传统商业的逻辑机会发生很大的变化，企业与各种组织的边界变得更为模糊，对竞争的理解就要从全产业链的生态去思考。再如，这个时代商业的影响力、伟大企业家的影响力，都要远远超过以往时代。影响力即权力，由此社会、经济、产业的发展逻辑都会与以往时代显著不同了。

产业逻辑，不同的产业在不同的发展阶段，其核心驱动因素与竞争要素是会发生变化的，而且在当前互联网与全球化的时代，其变迁的原理更加与以往不同。比如，由于创造性破坏更为普遍，厂商与用户的关系发生本质变化，技术优势与商业模式的生命周期也变得更短。

业务逻辑，看一个企业的业务，首先还是要看其战略布局、业务方向是否符合前面说的宏观逻辑与产业逻辑，是否符合社会大潮与产业大方向。即使一个公司的团队很厉害，如果它逆着这两个大方向，其经营的难度还是会非常大，成功的概率还是很低。

财务逻辑，就像数学是对其他自然科学最好的表达一样，财务是对企业过去的经营行为进行数字化、结构化的总结与记录，通过这些数据可以很好地分析与验证其业务上的特征与问题。

这四个维度是看一个公司和一个产业的相互验证、相互有钩稽关系的逻辑闭环。研究一个微观的企业一样要有很强的自上而下的思维，在大逻辑上有严重瑕疵的公司，一方面成功的难度很大，另一方面研究的难度也很大，研究的投入产出比就很差。

（三）把握产业本质、核心要素与关键变化

不同产业在经济学与商业模式的本质上有着显著的不同特点。比如水电行业的产能发挥与下游需求长期比较稳定，成本结构、产量、价格等指标也比较清楚，其本质更像是一个加了杠杆（高负债）的利率产品；传统零售业接近于商业地产的租赁业务；动画行业更像是一个内容创意与计算机软件相互加强的IT行业。

看一个产业，还要看驱动产业发展与企业成长的核心要素是什么。比如芯片技术驱动了计算机的计算能力，才导致TMT行业各个领域硬件、软件与应用的飞速发展，技术路径选择与全产业链的生态竞争是相关公司最为重要的战略。比如消费品的核心驱动力是产品力，产品力越强的公司相对于渠道的谈判地位就越高，产品力在时间上的累积与空间上的传播才形成了在消费者心目中的品牌。

研究一个产业的长期方向，在一些拐点时刻把握关键变化也十分重要。比如现在这个时点的TMT行业，智能手机的普及与流量红利可能已经基本结束了，移动互联网用户的使用时长开始接近天花板，增量的创新变得越来越难，更多可能是存量之间的替代竞争。这些相对小的创新，也更容易被大公司进行早期并购。在这个背景下，理解相关的细分行业与具体公司的逻辑与方法都和前几年有本质的区别。

再如对于消费品而言，由于人口红利逐渐消失，以及商品的普及率和渠道的渗透已经结束等原因，大单品增长的时代也基本结束。现在的机会

更多的可能是存量的结构升级与中小规模的品类创新，这对基数特别大的公司来说并不是好事，因为其产品创新的边际贡献会比较有限，业绩增长就比较困难。但对一些非常具备创新能力、能够深刻理解消费者的中小公司来说，可能反而是不错的机会。

（四）从时间、空间与人看企业的核心能力

从时间、空间、人这三个维度可去看产业与企业，也是说明很多本质原理的重要角度。

好的商业模式要顺应社会大势的发展、顺应人性的良性发展，为社会贡献更多的总福利，这样的商业模式才是可持久的，才是时间的朋友。

还有一个概念是空间。一个好的企业除了做时间的朋友，同时还不能做规模的敌人。大部分商业活动，随着规模扩张，一般都会出现效率递减，或者说空间（规模、地域、管理幅度、多事业部等）与利润之间可能有一个最优解或次优解，超过这个最优解的空间拓展，反而会导致规模不经济。比如依赖于厨师的餐饮公司，就是规模的敌人，凡是实现了有效连锁扩张的餐饮企业，几乎都是不依赖于厨师的。流程标准化是服务业规模化的前提，好的商业模式应该具备在时间与空间上不断复制与持续优化的系统能力。

另外一个最重要的维度就是人，其中最核心的是企业家精神。一个公司的核心竞争力本质上是公司治理结构。而好的治理结构是企业家与一小部分团队的思想成果，这在相当大程度上取决于企业家的心胸、情怀、战略，以及团队的执行力，也取决于企业家持续的学习、分享与创新。创始人、企业家、治理结构，是一个公司最终的核心竞争力，伟大的企业家与优秀的治理结构才会激发每一个人的正能量与创造力，好的组织与好的商业模式应该充分激发人性善的一面。只有人，才是创造价值的终极源头。

一个企业的核心能力是能够构筑相对于竞争者形成的可持续的壁垒，

比如强大的系统能力形成可持续的成本优势与规模优势、强大的研发能力形成技术或产品创新上的持续领先、非常好的产品与服务形成很好的品牌与用户黏性，这些结果上的核心竞争力本质上都来源于企业家的远见胸怀与优秀的公司治理结构。

第四章 收离聚散忌天女散花

一、鸡蛋到底应该放几篮

安全边际告诉我们不能孤注一掷，能力圈告诉我们不要天女散花。于是经典的问题出现了：鸡蛋到底应该放几篮？

日常生活中也经常有投资者问，投资股票是"集中"好，还是"分散"好？集中的好处是，能极大地享受股票上涨带来的收益。大家既然是来投资的，目标当然是利益最大化。但坏处是，万一这只股票"踩雷"了或者是长期不涨，岂不是很亏。相反，分散股票会拉低收益。一方面降低了重仓踩雷的风险，但同时也会增加踩中雷的概率。有可能逮中了一只牛股，同时也可能会骑上一只烂股。

在理论支持方面，很多投资书籍里都会提到"分散投资"的好处，而"不要把所有的鸡蛋都放在一个篮子里"的谚语更是深入人心。但是，很多投资高手却是比较集中地持股的，如知名投资人段永平先生就只买几只股。价值投资的大师们貌似也在这个问题上存在很大差异，有些大师分散持股取得了长期优异的成绩，还有些大师依靠集中投资也长期取得了优秀成果。

分散持股的典型代表有本杰明·格雷厄姆、沃尔特·施洛斯、彼得·林奇。集中投资的代表有非利普·费雪、查理·芒格、沃伦·巴菲特。下面我们结合投资大师们的投资风格与方法，看看他们是如何回答"集中还是分散"这个问题的。

格雷厄姆，被称为证券之父，股神巴菲特的老师，著作有《证券分析》《聪明的投资者》。格雷厄姆对于价值投资的贡献是巨大的，他最早提出了价值投资的基础理念，如市场先生、安全边际等，奠定了后辈们学习价值投资基础。他的选股方法侧重于企业资产的评估，更关心企业的净流动资产与股票价格的差距，只要净流动资产相对于价格合适，那么大多数股票都可以成为他的投资标的。但是之后，大家都知道了这种方法，所以市场中值得买的"烟蒂股"越来越难找。而且"烟蒂股"的选择主要依据是净资产，但是很多净资产大幅高于价格的企业本身质地很差，企业本身无法创造新增价值，所以获利只能依靠价格涨起来，涨到与其净资产相当或者更高才能获得满意的收益。

不过并不是每只"烟蒂股"都能短期快速地涨起来，随着时间的推移，一些差的企业可能会变得越来越差，甚至将原有的净资产都损失殆尽，或者两三年才涨起来，那么算上时间成本，其年复利收益率将大打折扣。但是因为其持股常常达到百余只，并且持的每只股都要求有巨大的安全边际，所以只要大部分能够达到满意的收益就可以了。所以说，如果依据格雷厄姆的"捡烟蒂"的投资方法，则要尽可能地分散投资。如果这种选股风格还集中持股，把全部资金押在少数几只"烟蒂股"上，是非常危险的。

沃尔特·施洛斯，是格雷厄姆的学生，巴菲特的师兄。他乐于关注股价一直创新低的"差股票"，之后利用他自己的价值标准进行分析；乐于寻找公司高层持有大量股份的股票，回避负债高的公司；乐于多元化投资组合，任何股票在其持仓组合中的占比都不会超过20%，施洛斯的组合中常常持有超过100种股票。他还倾向于保留足够的现金，以便在股价进一步下跌时买入更多股票。一般价格下跌幅度很大的股票会引起施洛斯的关注，他会检查创出新低的股票名单，如果发现一只股票的价格处于最近几年的低点，就会认为非常好。他主要关注的是资产，然后看有多少债务，认为那些资产总会值些钱。如果他看上了，会先少量买入。施洛斯不太注重企业的具体运营，也几乎不与公司的管理层交流，这方面与巴菲特有很大区别。

显然他的选股方法更接近于他的老师格雷厄姆，施洛斯实践着传统格雷厄姆理念，他寻求股价低于净流动资产的股票，然后卖出任何达到内在价值的投资，不会很长期地持有，并且是非常分散地持股。对于这种选股方法，显然分散持股更适合。

彼得·林奇，全球著名基金经理，麦哲伦基金当家人，著作有《战胜华尔街》《彼得·林奇的成功投资》。林奇比较喜欢投资规模小的成长股，善于从中寻找"十倍大牛股"，他在书中提到寻找"十倍股"的最佳地方就是家的附近，还可以到大型超市中寻找，到自己工作的地方寻找。他把股票分为六种类型，即缓慢增长型、稳定成长型、快速成长型、周期型、困境反转型、隐蔽资产型。他对于不同类型的股票会区别对待，喜欢寻找那些未被市场发现的小型成长公司，不喜欢热门股，也不投资过度多元化的公司。林奇认为批量地投资那些冷门的小成长股，即使十家中只有两三家获得了十倍以上的收益，也会使他的整体收益十分可观。

他的估值标准一般主要依靠 PE、PB、PEG。PEG 这个指标是市盈率除以预期净利润增长率，当 PEG < 1 的时候表示价值低估，当 PEG > 1 时则表示高估。PEG 值越低，说明该股的市盈率越低，或者盈利增长率越高，从而越具有投资价值。该指标最先由英国投资大师史莱特提出，后来由林奇发扬光大。虽然林奇说自己基金规模太大，所以持股非常分散，并且也建议投资者不要太过分散。但是不可否认的是，林奇的投资组合确实太过分散了。所以，如果你是像林奇的这种投资选股风格，喜欢买小型成长股，那你显然应该多买几只，尽量分散持股。因为那些小公司不是每家都能最终成长起来，你如果只买少数几家，恐怕难以成功。但是如果你买进二十家这样的公司，最终只有五家翻了十倍，整体的盈利还是不错的。

菲利普·费雪，成长股之父。不管是在投资初期，还是91岁高龄时，费雪终其一生都是集中投资的力挺者。他曾多次表示，他宁愿投几家非常了解的杰出公司，也不愿投资众多他不了解的公司，并强调："最优秀的股票是极为难寻的，如果容易，岂不是每个人都可以拥有它们了。我想购买最好的股票，不然我宁愿不买。"在一般情况下，费雪将他的股本限制在10家公司以内，其中有75%的投资集中在3至4家公司。

查理·芒格，股神巴菲特的黄金搭档。他和巴菲特联手创造了有史以来最优秀的投资纪录——伯克希尔公司股票账面价值以年均20%的复合收益率创造了投资神话。芒格意识到收购高品质企业的巨大获利空间，所以只集中投资最优秀，甚至是最伟大的企业。芒格说："想投资，你只需要找到最伟大的公司，以合理的价格买入，然后坐在那等着就行了，优秀企业长期的复利发展会使你变得越来越富有。"芒格善于运用多元思维模型去分析评估投资。

沃伦·巴菲特，股神，伯克希尔公司董事长。关于巴菲特的著作比较多，但是他自己没有写过书。巴菲特唯一自己写的是历年给股东们的信，被人集合成《巴菲特致股东的信》一书，这本书是价值投资者必读的作品。另外还有一本是他亲自授权的官方传记《滚雪球》。巴菲特最初的投资风格继承了格雷厄姆的"捡烟蒂"投资法，就是挑选那些股价大幅低于净流动资产的股票，直到发现费雪的投资方法，再加上受芒格的影响，使其投资风格由"捡烟蒂"转变为"以合理价格买入优秀公司股票并长期持有"。

巴菲特中后期喜欢投资那些具有消费垄断性质、有长期竞争优势的企业，愿意以合理的价格买入优秀公司的股票，抛弃那些便宜且平庸的公司股票。巴菲特认为只有经济动力强劲的优秀企业才值得投资，也更愿意长期持有这些公司的股票。巴菲特认为，企业的内在价值就是"企业余下寿命能够产生的自由现金流的折现值"。当他认为的优秀企业的价值被严重低估的时候，就会重仓买入，并长期持有。巴菲特管理着庞大的资金规模，但是他的前十大重仓股竟然超过资产总规模的90%，这是非常集中的投资。巴菲特说，天上"下金子"的时候要用"大桶"去接，即要重仓买入。

巴菲特在商学院讲课时曾对学生们说："用一张考勤卡就能改变你最终的投资业绩，这张卡片上有20个格子，你只有20次机会，这代表你一生中所能拥有的投资次数。当你把卡打完之后，你就再也不能进行投资，所以你将不得不花大笔资金重仓投入你真正想投资的项目上，这样你的表现将会好很多。"巴菲特不但自己集中持股，也告诫别人要集中投资。

从巴菲特的持股可以看出，他只买那些非常优秀的企业的股票，不但过去优秀、现在优秀，重要的是他还能看到未来很远的优秀。他有着超乎常人的商业洞察力。巴菲特说他不是股票分析师，不是经济分析师，而是企业分析师，他看企业的眼光可以说无人能及。以股神的这种商业洞察力与眼光，当然是越集中投资越好，把资金投到最伟大的企业上。

巴菲特解释说，企业拥有者的目标是创立一个证券投资组合，这套组合在10年内将产生最高水平的全面收益。集中投资的精髓可以概括为：选择少数几种可以在长期拉锯战中产生高于平均收益的股票，将大部分资本集中在这些股票上，不管股市短期跌升，坚持持股，稳中取胜。巴菲特用他独特的语言风格说道："通过定期的投资于指数基金，那些门外汉投资者可以获得超过多数专业投资大师的业绩。"对于活跃的证券管理和指数投资，巴菲特提出了还有第三种选择，就是集中投资。

不难看出，虽然没有哪一位大师是绝对的"集中派"与"分散派"，但其都有各自明显的优先级考量。即便是在同一个人身上，在不同的人生阶段，随着人生阅历的增长、投资能力的提高、投资经验的积累，也有可能发生从"分散派"到"集中派"的转变。我们也不难发现，整体来看，投资风格已实现从分散投资向集中投资的转变，集中投资已成为共识与主流。这种转变是与投资大师们对投资本质由表及里、由浅入深的认知过程相符合的，是从长期的丰富实践中总结出来的智慧结晶，而这种认知反过来又指导投资大师实现更有效更出色的投资。

那究竟是该集中持股还是分散持股呢？这取决于几点：投资人的风险偏好；投资人的自信能力；投资人的资金量。所有人投资其实都是想在"风险"和"收益"中间维持一个平衡。但风险究竟是什么？有人担心的是亏损，但也有人担心的是少赚。担心亏损稍多的人，投资相对会分散些；担心少赚的人，投资自然会集中一些。大家都知道投资本身就是预判未来的概率。未来不是百分百的，谈到概率，自然会想到赔率，也就是估计股票有可能上涨的幅度，或者说企业成长的时间和空间。

所以，真正的投资高手或投资大师，一定是在赚钱概率高的个股上投入更多的资金。在投资的过程之中，不断地调整，做减法，产生的结果是不断地集中。而这些集中，都存在一个基础，就是对标的股票的深入研究，只有这样，才会有大手笔买入股票的自信。没有深研而是"拍脑袋"决策或跟风重仓某股，那是真正的"豪赌"。而当资金越来越多的时候，因为资金量太大，自身买卖对市场价格产生影响，又会在新的层面产生新的风险，因此不得不进行分散，考虑别的股票。但是，这是"大鳄"们该担心的事，跟我们普通投资者无关。

二、为何要集中投资

分散是一种自然而然的倾向，只要不去刻意集中，投资通常一定是分散的。分散投资是自然而然的，而集中投资则需要习得。过于分散是既成事实，相对集中才是要追求的目标。力出一孔，利出一孔，应该长期满仓集中。当然1个票或2个票（行业）都会存在"一票否决"现象，所以最大的集中不少于3个票为宜，单个行业取前三足矣。为什么要集中投资？这是因为每个人的能力圈都是有限的，具体有以下四个方面。

1. 好东西太少

"我们持续地把资金集中在为数不多的、我们能够深入了解的公司上。

只有极少数的企业可以让我们深具信心并愿意长期持有，因此，当好不容易找到这些企业时，我们就要达到一定的参与程度。我们同意 MaeWest 的看法，好东西多多益善。"（巴菲特致股东的信，1988 年）

集中投资的特点是见好就留，通过不断筛选，留下少数几个特别优异的资产。而分散投资往往与证券投资中的一个奇怪现象联系在一起，即见好就收，或者说见好就溜。在所买的一堆公司股票中，分散的投资者往往优先卖出那些已经见好的，比如说30%涨幅的。如果坚持这种理念，结果必然是抛掉见好的，留下不好的，拔掉花留下草，直到所有的股票都不见好为止。

千军易得，一将难求。一个百万年薪的人才大于 10 个 10 万年薪的员工，一个优秀的企业胜过 10 个平庸的企业。

2. 个人的精力有限

约翰·梅纳德·凯恩斯，他的投资实践与他的经济思想一样杰出。1934 年 8 月 15 日，他曾经写了一封信给他的生意伙伴 Scot："正确的投资方式是将大部分的资金投到自己了解且十分信任其管理的事业上，那种通过把资金分散到一大堆自己不太了解且没有什么信心的公司上面，以便借此去控制投资风险的想法是错误的。个人的知识与经验一定有其限度，就我本身而言，很少同时有 2~3 家公司可以让我感到完全放心。BillRose 指出如果你有 40 个女人，那么你永远都不可能深入了解她们中的每一位。"

集中投资的本质，不单纯是指投资对象的数量，而是指专注。在巴菲特被问及其成功的最关键要素为何时，巴菲特回答说："是专注，我们只专注于几家最杰出的公司，我们是专注的投资者。"集中投资的原理是凸透镜的原理，即把有限的阳光集中起来投射到焦点上，以产生预期的温度和效果。没有聚焦，就达不到预期的温度。一个专注的人，往往能够把自己的时间、精力和智慧凝聚到所要干的事情上，从而最大限度地发挥积极性、主动性和创造性，努力实现自己的目标。集中专注不仅适用于投资者，也适用于企业家甚至一切干大事的人。最成功的企业家一定会把他的精力、才华和资源聚焦投资到单一的事业,并取得重大成功,如同盖茨之于微软、乔布斯之于苹果、戴尔之于戴尔电脑。

3. 降低而不是提高了风险

许多学者会说,集中投资的风险比分散投资的风险要高出很多。这一点,我不敢苟同。我相信集中持股的做法更能降低风险,前提是投资人在行动前能够加强自身对于企业的认知,以及对于企业特质的信任程度。

4. 谋求更好的回报

如果你是一个有一定选股能力的投资人,能够自行选出5~10家股价合理并享有长期竞争优势的公司,传统的分散投资就没有什么意义,那样做反而容易伤害到你的投资并由此增加你的风险。

"我实在不明白一个投资人为何要把钱放在排名第20好的股票上,而不把钱集中投资在排名更为靠前、自己更加熟悉、风险更小且获利潜力更大的股票上。"(巴菲特致股东的信,1993年)

三、如何集中投资

综上所述,我们主张学习巴菲特的集中投资策略,其基本原则如下。

(一)企业原则

这家企业是否简单易懂?

这家企业是否具有持之以恒的运作历史?

这家企业是否有良好的长期前景?

(二)管理原则

管理层是否理智?

管理层对它的股民是否坦诚?

管理层能否拒绝机构跟风的做法?

（三）财务原则

注重权益回报而不是每股收益；

计算"股东收益"；

寻求高利润率的公司；

公司每保留1美元都要确保创造1美元的市值。

（四）市场原则

企业的估值是多少？

企业是否会被大打折扣以便于低价买进？

费雪将他的股本限制在10家公司以内，其中有75%的投资集中在3~4家公司身上。巴菲特说："如果你对投资略知一二并能了解企业的经营状况，那么应该选择5~10家价格合理且具有长期竞争优势的公司。传统意义上的多元化投资对你就毫无意义了。对于你所做的每一笔投资，你都应当有勇气和信心将你净资产的10%以上投入此股。"应用巴菲特的原理，最好将注意力集中在几家公司上。

伯克希尔·哈撒韦前20持仓股票

公司	市值按2019/9/30计算（美元）	持股（份）	占比
苹果	55732400000	248838679	25.96%
美国银行	27047843000	927248600	12.59%
可口可乐	21776000000	400000000	10.14%
富国银行	19084935000	378369018	8.89%
美国运通	17932512000	151610700	8.35%
卡夫亨氏	9096609000	325634818	4.23%
美国合众银行	7330315000	132459618	3.41%
摩根大通	7004312000	59514932	3.26%
穆迪	5053111000	24669778	2.35%
达美航空	4084442000	70910456	1.90%

续表

公司	市值按2019/9/30计算（美元）	持股（份）	占比
高盛	3803424000	18353635	1.77%
纽约梅隆银行	3659172000	80937250	1.70%
西南航空	2897595000	53649213	1.34%
美国通用	2708669000	72269696	1.26%
威瑞信	2443276000	12952745	1.13%
特许通讯	2236414000	5426609	1.04%
德维持医疗	2200937000	38565570	1.02%
联合大陆控股	1939595000	21938642	0.90%
Visa公司	1816849000	10562460	0.84%
万事达	1340132000	4934756	0.62%

集中投资包括下列行为。

1. 选择几家在过去投资回报高于一般水平的公司。你相信这些公司有很高的成功概率，而且能继续将过去的优秀业绩保持到未来。

2. 将你的投资基金按比例分配，将大头压在概率最高的股票上。

3. 只要事情没有变糟，保持股本原封不动至少5年（超过更好）。教会自己在股价的波动中沉着应对，顺利过关。

最理想的证券投资是集中投资，它强调在高概率事件上押大赌注，而不是在不同概率事件上押相同分量的赌注。

集中投资战略是以经济为基础的模式而不是以价格为基础的模式。在基于经济价值的模式中，将注意力集中在少数几只股票上，将使你更好地深入了解并监控你拥有的企业。

集中投资要在以下前提下进行。

1. 除非你愿意将股票看成是企业所有权的一部分，而且自始至终都这样认为，否则你不要踏入股市。

2. 做好刻苦研究你选择的企业，以及你选择的企业的竞争对手的准备。你应当做到没有人比你更了解这家企业或这个行业。除非你愿意进行5年以上的投资，否则不要实施集中投资战略。长期的投资时限会增加投资的安全性。

3. 永远不要举债进行集中投资。一个不靠举债进行投资的集中投资将会使你尽快达到目标。请记住，银行突然要求提前偿还部分欠款的通知对一个结构良好的证券投资组合具有毁灭性意义。

4. 驾驭集中投资需要正确的心态和性格，投资者要满足这种需求。

持股分散和集中，往往有这么几种情况或者阶段。

对股票研究不深，想赚大钱：重仓一只或几只，赌对了"五星会所"，输了"工地干活"。

对股票研究不深，又怕亏钱：分散很多只股票，有赔有赚，不如买指数轻松。

对股票企业有深研，有较为正确的理解：会集中买几只熟悉的股票，长期而言，大概率会取得较好的收益。

投资大师级别：虽说是分散投资，但每一只股票里的资金，对于普通投资者来说，无异于全仓投入的百倍、万倍。

一个故事讲，一个小和尚问一位得道高僧："师傅，您得道前和得道后，有什么不同？"高僧答："得道前，我每天砍柴、挑水、做饭。得道后，我每天砍柴、挑水、做饭。"小和尚问："这么看来，得道前和得道后，没有任何区别。"高僧说："不一样，在得道之前，我每天砍柴的时候想着挑水，挑水的时候想着做饭，做饭的时候又想着砍柴。得道之后，我每天砍柴的时候只想着砍柴，挑水的时候只想着挑水，做饭的时候只想着做饭。"人生是一场修行，只有专心一意地做事才能有所作为，只有心无旁骛才能把事情做细致、做极致。

一代名臣曾国藩，梁启超说他是一个笨人。我们很多人都比曾国藩天分高，像他这样资质平庸的人，能有如此大的建树，正是得益于他的专心致志。他在日记中曾告诫自己："当读书，则读书，心无着于见客也；当见客，则见客，心无着于读书也。一有着，则私也。灵明无着，物来顺应，未来不迎，当时不杂，既过不恋。"

  专注于你喜欢的事，把爱好变为擅长的事，把擅长的事做到无人可及的地步，无论你从事任何职业，都能成为令人仰望的人。一个人一事无成的原因，往往不是智力不够，而是朝三暮四，常常换目标，精神涣散，不能长久在一件事情上聚焦。我们都没有三头六臂，也没有天生超人的智慧，我们只能通过一心一意日积月累地努力、专注，才会成为某个领域不可取代的人。

第五章 推陈出新忌喜新厌旧

一、围绕人的需求选行业

投资就是算性价比,找"三好生",即好行业+好企业+好价格。好行业有两类:无本、低本;一本万利、一劳永逸。投资就是投人,人最喜欢能挣会花,所以金融、消费(白酒、家电、医药)、互联网(游戏、交际、文娱)是持续性非常好的行业。

吃穿住行玩:吃,不讲个性,以高端为品;穿,讲个性,怕撞衫,很难规模化,与运动相关的相对好些;住,家电、房产无标识性,缺乏移动展示的炫耀性;行,有品牌效应,如高端名车;玩,有品牌效应,如迪士尼、高端游戏。

二、传统与新兴行业

所谓传统行业,是指劳动力密集型、以制造加工为主的行业,如制鞋、制衣、光学、机械等行业。而新兴行业是指随着新的科研成果和新兴技术的诞生和应用,而出现的新的经济部门或行业。

最近越来越多的人开始关注新兴行业,比如TMT、人工智能、云计算等领域，科创板的到来也让大家开始期待，新兴行业是不是会带来一波新的牛市。而对钢铁、服装、地产这样的传统行业，大家也在讨论是否还有新的增长点和投资价值。那么传统行业和新兴行业到底投资哪个更有可能赚钱呢？对于这个问题，高毅资产创始人邱国鹭先生有过精彩的论述：

首先我们需要明确的是，传统行业和新兴行业的股票在市场上的表现特征不一致。在A股市场上，传统行业多数是大盘股，如基建、银行、消费等，行业增长稳定，上涨的时候慢，下跌的时候也比较抗跌。而新兴行业多数是小盘股，以创业板为代表，多数为科技公司，比如人工智能、互联网、VR技术等，往往是到风口的时候急速上涨，过了风口之后又大幅下跌。

为什么会出现这种不同的表现呢？在传统行业，特别是传统的盈利稳定增长的行业，很多资金发现，经过了自由竞争阶段之后，行业的格局已经非常稳定。行业格局稳定之后，每个行业里基本都是以几个龙头公司为主导，比如白酒行业的龙头公司是茅台、五粮液、泸州老窖等。这些公司成立的时间久，规模也比较大，很难说遇到风吹草动就破产，抗风险能力是比较强的。但同时，由于这个行业的格局基本已经定型，它们想要再高速增长也是不现实的，因此形成了股价稳定的状态。

在新兴行业，正好相反，比如人工智能、5G，行业格局完全没有形成，竞争才刚刚开始，最后谁能称霸还是未知。所以有很多小公司都会进入这片蓝海，挖掘机会，其中就很有可能有未来的大牛股。但与此同时，从二八格局的角度来看，80%的公司最终面临着被淘汰和被边缘化的命运，所以投资新兴行业是高风险的。大家都想发现下一个腾讯、下一个阿里巴巴，但实际上，能够发现"伟大公司"的概率非常小，即使短期看到了，因为存在各种波折的可能性，后面也未必能够坚定持有。从这个角度看，投资新兴行业类似"赌博"。

由于这种差异的存在，投资传统行业和新兴行业的方法不同。投资传统行业，主要看供给，传统行业只有控制供给才能获得利润的快速增长。一定要区分出稳定增长的行业和夕阳行业，对于产能过剩面临淘汰的行业，即使估值已经很低了，也最好不要去投资。而对于那些未来仍有增长空间的行业就要坚定投资。比如在我国经济转型的背景之下，消费行业是未来增长最确定的，无论是受益于消费升级的高端消费品，还是受益于消费总量扩张的一般消费品，未来的盈利增长都是比较确定的。巴菲特在长期的投资中，几乎把全部资产都配置在消费股上，就是看好消费股能够穿越经济周期保持长期盈利增长。

投资新兴行业，主要看需求，因为需求越大成长越快。一是要选择绝对的龙头公司，因为新兴行业往往存在"赢者通吃"的情况。二是要用公司的成长性判断公司价值。传统的行业可以按传统的方法，对于新兴行业的估值就不能死板地套用市盈率。因为，很多新兴行业，比如互联网、机器人、3D打印，这些企业在创新的时候是没有盈利的，但未来的业绩会大概率释放出来。所以估值方法上要综合运用多种估值方式。新经济代表未来的发展方向，符合经济转型方向的科技龙头公司有望逐步释放出业绩，从而推动股价上涨。

（一）这是不是一门好生意

什么行业易出长期牛股？行业集中度持续提高的行业。因为这样的行业有门槛，有先发优势，"后浪没法让前浪死在沙滩上"，易出大牛股。相反，如果行业越来越分散，说明行业门槛不高，既有的领先者没有足够深的护城河来阻止追赶者抢夺其市场份额，这种行业一般是"城头变幻大王旗，各领风骚两三年"。

（二）企业的商业模式和现金流状况

投资要考虑的第二个问题，就是这门生意的现金流状况如何，毕竟做生意的最终目的是赚取现金流。

好公司的两个标准：一是它做的事情别人做不了；二是它做的事情自己可以重复做。前者是门槛，决定利润率的高低和趋势；后者是成长的可复制性，决定销售增速。如果二者不可兼得，宁要有门槛的低增长（可持续），也不要没门槛的高增长（不可持续）。门槛是现有的，好把握；成长是将来的，难预测。

（三）行业的竞争格局和公司的比较优势

投资要考虑的第三个问题就是行业的竞争格局以及公司是否具有比较优势。简单说来，就是你作为一个后来者，想颠覆既有的龙头公司老大的地位，就得看自己能够为客户提供哪些不可比拟的价值，以及相对于竞争对手的比较竞争优势在哪里。

寡头的力量。回顾过去5年，寡头垄断行业的利润增长往往不断超出预期，而市场集中度低的行业则常常陷于恶性竞争和价格战的泥潭之中。白色家电（空调、冰箱和洗衣机）和黑色家电（电视）两个行业的不同发展历程就是最好的明证。所以，投资制造业时更应关注工程机械、核心汽配、白色家电这样的寡头行业。分析技术变化快的行业时不必看市场占有率，而要看是否适应最新的市场潮流。

喜新厌旧和不以人的意志为转移是行业的规律。大家都喜欢新东西，但是有没有人想过，为什么几年前声势浩大的风电、光伏、LED、电子书、锂电池等新兴行业千般扶持却总是烂泥扶不上墙？为什么银行、地产百般打压却总赚得盆满钵满？这是由内在的经济规律、行业格局、供需关系和商业模式决定的，不以人的意志为转移。做投资要研究的就是这些不以人的意志为转移的规律，而不是整天去猜测市场的情绪变化。有时猜测别人的情绪变化能给我们带来收益，但那是不能够持久的。而经济规律、行业特质、商业模式是客观存在的，只要研究透了，它在三五年内是不会有大的变化的，能为理解这些规律的投资人提供持续的竞争优势。

泥里的宝石与庙堂的砖头。市场经常对动态的、暂时的信息（政策打压、订单超预期等）过度反应，却对静态的、本质的信息（公司的核心竞争优势、行业竞争格局）反应严重不足。其实，宝石被人扔进泥里再踩上几脚也仍是宝石，砖头被请进庙堂受人膜拜也仍是砖头。当其他行业的龙头公司想"移民"到某行业时，往往该行业股价已接近阶段性顶部。

新兴行业看需求，传统行业看供给。新兴行业注重需求的快速成长，不必纠结于供给。而传统行业则只有控制供给，企业利润才能快速增长。

行业集中度。很多人认为小股票的成长性普遍好于大股票。如果这是事实，那么大多数行业的集中度就会越来越低。但是只要关注一下工程机械、汽车、家电、啤酒、原料药、互联网等众多行业，就会发现这些行业的集中度在过去几年都是持续提高的，这说明还是有许多行业里的大企业增长快于小企业。在这些行业里，低估值、高成长的行业龙头公司的投资价值就远高于行业内的小股票。

有销售半径的行业（如啤酒和水泥），重要的不是全国市场占有率，而是区域市场集中度。在"军阀混战"阶段，企业为抢地盘打价格战，两败俱伤；到了"军阀割据"阶段，彼此势力范围划清，各自在优势地区掌握定价权，共同繁荣。从"军阀混战"的无序竞争过渡到"军阀割据"的有序竞争，是值得关注的行业拐点。

新兴行业的股票表现乏力，其实也不足为奇——当一大堆钱涌进一个门槛不高、未来发展路径不明的行业时，失望是常有的事。没有门槛的高增长是不可持续的。在美国上市的中国太阳能股票近年来纷纷从高点跌落90%的案例值得好好研究。

短线资金喜欢炒政策支持的行业，但从长线资本的角度看，国家限制的行业淘汰了落后产能，限制了新进入者。行业集中度提高，剩下的龙头企业的日子反而好过。

三、避免成为上市公司"捐赠者"

坚决避开刚上市的公司，多观察几年，看看大股东的品行，再花时间去研究。可口可乐公司成立于1886年，而巴菲特投资可口可乐公司是

1988年，可成立102年的可口可乐公司还是帮巴菲特赚了很多钱。这种被时间验证的好公司，对普通投资人来说非常有参考价值。

国内的科技股和美国的顶级科技股不是一个概念，更像风投阶段的公司，这类公司更适合专业机构去做，或者非常有钱的人做点资产配置。但对于99%的普通投资者来讲，是不应该碰的。初创科技公司从研发起点到真正市场成功，是场残酷的淘汰赛。90%以上的研发不会成功，如果是一研发就会成功，就是瓮中捉鳖了。科技公司往往都是一将功成万骨枯，除非是"先知"，否则很难押中成功的那一个。

四、什么是看得懂的行业

投资什么行业，才能夜夜安枕？投资者要想每晚都睡得着、睡得香，就要对自己的投资有信心，而这个信心一定源于对投资的确定性，说白了就是你要投资你能看得懂的行业。

首先，最起码10年、20年后这些行业还在，不能像银行取款机企业那样，随着互联网络金融的发展，几年的时间就衰败了，10年后ATM机可能都没有了，因为那时中国人可能很少使用纸币了。其次，这些行业的盈利要有保障，不能像有些企业，今年行情好挣点钱，明年行情差就赔钱，完全看天吃饭，没有确定性。如现在的石油行业，未来随着新能源行业进一步发展，其衰落是大概率的。换句话说，投资不是掏钱买股票那么简单，要有前瞻性和对行业未来的洞察力。而如果能预见行业的未来，那就像斗地主时，你事先知道了底牌，那你就敢下重注、叫地主。

那么，哪些行业具有长期的确定性？或者说哪些行业既有未来，又不会被替代且大概率地盈利？

A股公司分行业利润率（2014—2019年Q3），如下图所示，利润率均值为9.8%。

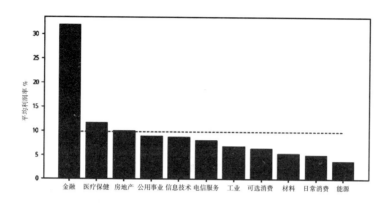

A 股公司行业利润率（2014—2019 年 Q3）

金融行业。金钱永不过时，垄断特许经营，供不应求，有定价权，自带杠杆，万业之王。可以说只要国家在，金融行业就在。不管经济如何都能赚钱，只不过经济低迷时少赚点，经济繁荣时多赚点。你见过大型银行亏损吗？银行是国家的经济命脉，关系到国本，不可能倒闭。而现在的互联网金融是银行＋互联网的一种形式，只会巩固银行的既有地位。另外，银行股是 A 股的压舱石，也就是调节市场的工具，盈利确定性非常强。银行股的总市值只占 A 股的 18%，而净利润要占到整个 A 股的 45%。

食品饮料。该行业与人类历史一样久远，承载着饮食文化，培养了人的最大的生活习惯。该行业产品是用来满足人们生存的需要，是刚性的。另外，行业特点是重复消费，需求无穷无尽。行业的这些基本特征一直没变，今后 10 年、100 年也不会有什么大变化。目前，行业已经形成垄断格局，所以只需要关注行业龙头公司就可以，如伊利股份、海天味业等。而行业最大的风险来自食品安全问题。

白酒。白酒是中国特有的传统文化之一，持续几千年，保守估计，再向后延续几百年也不成问题。白酒时间越长，价值越大，且易上瘾，这些特点决定了白酒企业的投资价值。而白酒最大的风险是受外国饮食文化的影响，目前看这方面的影响并没有扩大的迹象。有些投资者最推崇的就是投资具有垄断性、成瘾性的"喝酒吃药"。

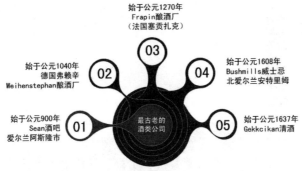

世界上最古老的16家公司中有5家为酒类公司

中成药。该行业也是中国传统文化的重要组成部分。中成药经过几百年的使用，事实证明疗效非常好，这就足够了。如云南白药、片仔癀都已存在几百年，并且这些药是国家保护专利药，无期限。有疗效、有保护、有定价权的公司，谁不喜欢？最大的风险是中成药的国际市场不大，原因是疗效不能定量分析解释。

空调。空调提供的是一种舒适服务。虽然以前没有空调，人们也一样生活，但是有了空调之后，人的这种需求就变得不可逆、刚性。现在人的这种需要，10年、20年后的人也需要，可以说有人的地方就需要空调，所以产品需求会越来越大，这个确定性非常强。行业最大的风险就是未来新的制冷技术的发现，但目前还没有这个苗头。

监控。这个行业很年轻，但是其发展不可限量。可以说每个行业都需要监控，就像每个行业都需要互联网一样，这个行业的需求基本没有天花板，并且该行业的转换成本非常高。海康威视和大华股份已经垄断全球监控市场的前两位，未来成为该行业的寡头的确定性非常大。

五、企业赚钱的三种类型

（一）靠技术赚钱

技术型的企业，主要是生产制造、研发。而随着经济的发展，人们对产品的要求越来越高，企业也开始加大对产品的研发投入。以格力为代表的空调制造公司，把大量的资源投放到技术研发上面，把技术壁垒提高。其他同行想要继续生存，也被逼着将大量的利润投放在研发。要么跟进，要么淘汰。很多没有跟上节奏的企业就会被淘汰。这样的行业，是非常有利于消费者的，消费者能够享受到价格越来越便宜的产品，质量越来越好的产品。但对于投资者来说却是投资噩梦。

投资这类型的企业，投资者的利润被上市公司留存起来，并没有产生复利投资，而是大量地用于生产内部的消耗。或技术比拼，或价格竞争，这些都是在花费投资者的利润。这类上市企业将投资者的利润转化为一堆堆将来会极大贬值的重资产，以及一条条不知道什么时候才能够生产产品的生产线。这对长期复利是一种极大的损害，所以对于生产型、工业型、农业型、低流动性、无法有效估计资产真实价值的企业，投资要谨慎。

（二）靠资源赚钱

在中国有一句古话叫"靠山吃山，靠水吃水"。资源类型的企业，大大减少对利润的无效消耗，是一个具备复利基因的行业。资源类的企业可以说是提供一种服务，一种虚拟的产品，这是一类躺着赚钱的企业。"此树是我栽，此路是我开"，想要用该企业的服务就付钱。而这些服务，几乎每一个现代人都需要，行业前景非常广阔。

（三）靠文化赚钱

因为各种历史原因，形成了这样一批特殊的靠文化靠感情就能赚钱的企业，这是经营模式最顶级的进化。钻石被誉为20世纪最精彩的营销骗局，它提供了现代营销史上教科书般的经典案例：商品服务消费者只是一种低端的理念，商品教育消费者才是最高的成就。当把一种商品提升到文化乃至习俗的高度，你拥有的就是宗教般狂热和虔诚的信徒。不仅是钻石，烟、酒、糖果、奢侈品等都有很多由历史原因造成的文化型消费。最有名的当数可口可乐，可口可乐已经与美国文化连成一体。二战成就了美国的崛起，二战同时也成就了可口可乐，从此可口可乐与美国的胜利捆绑在一起，创造了销售的奇迹。

技术型的公司有利于大众消费者却不利于投资者，文化型的公司有利于投资者却不一定利于消费者。类似由历史造就的公司有很多，如茅台、云南白药、广誉远等。靠文化赚钱，可以说是将经营模式进化到了最高阶段。当然凡事有好有坏，这些稀缺的品牌，人人都知道好，股价自然非常高。对此我们要有足够的耐心去等待，好公司还需要好价格。

药到病除的良药对病人而言是好药，但需要不断服用的药对投资者而言才是好药。——彼得·林奇

第六章 守常不变忌追涨杀跌

一、稳定与变易，胜率与赔率

关于胜率与赔率这个问题，我很赞同点拾投资的朱昂先生的观点：不可兼得的概率和赔率。概率和赔率是不可兼得的，这个世界上的好事不可能被一个人占了。高概率的投资，往往赔率不大。高赔率的投资，往往概率不高。

我认为，投资收益中最重要的部分是概率（或者说胜率）。长期保持高概率，意味着在投资这个游戏中，你获胜的次数会超过失败的次数。从符合人性的角度出发，只有在一个游戏中赢的次数多于输的次数，他才能玩得下去。

这也是为什么许多优秀的基金经理都最看重概率。记得达里奥第一次来上海举办《原则》这本书的线下见面会时，有一个人问他："在对冲基金领域，绝大部分的利润来自极少数的几次交易，你怎么把这种赚大钱的机会找出来？"达里奥笑笑说："我们并不是这么想的，我们要的是70%的交易都是赚钱的。"

包括巴菲特和芒格等一批价值投资者，他们也都是在做高概率的投资。所以巴菲特说过一个打孔原则，如果你一辈子只打20次孔，那么就要对每一次打孔都进行很细致的分析。这背后也是概率思维，巴菲特希望每一次出手的概率都是比较高的。

这里我们再说说赔率。赔率从某种意义上就是"以小博大"。往往是看错的话，亏损比例不大，但是看对的话，收益会很高。这一点和传统投资中，认为一个公司有"十倍潜力"是不同的。大部分情况下，风险和收益是匹配的。一个公司如果在较短时间内有十倍潜力，往往也隐含了比较大的"向下"风险。

但是在特定的制度和时代背景下，也能找到符合高赔率特征的机会。比如2013年开始的"资产证券化"A股浪潮中，许多小市值公司的赔率性价比很高。由于A股当时还有壳价值特征，这时候"买梦想"的成本很低。公司如果成功了，股价上涨好几倍。但是如果失败了，股价可能不跌，因为壳价值每年都在涨价。

在众多投资大师中，索罗斯是很看重赔率的。他要的就是大机会，看重的不是胜利的次数，而是胜利的重量级。通过长期高赔率赚钱，会比高概率难很多。大部分普通人如果追求赔率，就会变成"买彩票模式"了。

我们看看巴菲特历年收益率，翻十倍用了10年，翻100倍用了大约23年，翻1000倍用了32年，翻10000倍差不多用了40年。

巴菲特历年收益率统计

年份	第N年	年收益率	模拟累计净值	年化收益
1957	1	10.5%	1.11	10.50%
1958	2	40.9%	1.56	24.78%
1959	3	25.9%	1.96	25.15%
1960	4	22.8%	2.41	24.56%
1961	5	45.9%	3.51	28.56%
1962	6	13.9%	4.00	25.99%
1963	7	38.7%	5.55	27.73%
1964	8	27.8%	7.09	27.74%
1965	9	23.8%	8.78	27.30%
1966	10	20.3%	10.56	26.58%
1967	11	11.0%	11.72	25.08%
1968	12	19.0%	13.95	24.56%
1969	13	16.2%	16.21	23.90%
1970	14	12.0%	18.15	23.01%
1971	15	16.4%	21.13	22.55%

续表

年份	第N年	年收益率	模拟累计净值	年化收益
1972	16	21.7%	25.72	22.50%
1973	17	4.7%	26.92	21.37%
1974	18	5.5%	28.41	20.43%
1975	19	21.9%	34.63	20.51%
1976	20	59.3%	55.16	22.20%
1977	21	31.9%	72.76	22.65%
1978	22	24.0%	90.22	22.71%
1979	23	35.7%	122	23.25%
1980	24	19.3%	146	23.08%
1981	25	31.4%	192	23.40%
1982	26	40.0%	269	24.00%
1983	27	32.3%	355	24.30%
1984	28	13.6%	404	23.90%
1985	29	48.2%	598	24.67%
1986	30	26.1%	755	24.72%
1987	31	19.5%	902	24.54%
1988	32	20.1%	1083	24.40%
1989	33	44.4%	1564	24.97%
1990	34	7.4%	1680	24.41%
1991	35	39.6%	2345	24.82%
1992	36	20.3%	2821	24.69%
1993	37	14.3%	3224	24.40%
1994	38	13.9%	3672	24.11%
1995	39	43.1%	5255	24.57%
1996	40	31.8%	6926	24.74%
1997	41	34.1%	9288	24.96%
1998	42	48.3%	13774	25.47%
1999	43	0.5%	13843	24.83%
2000	44	6.5%	14743	24.38%
2001	45	−6.2%	13829	23.60%
2002	46	10.0%	15212	23.29%
2003	47	21.0%	18406	23.24%
2004	48	10.5%	20339	22.96%
2005	49	6.4%	21640	22.60%
2006	50	18.4%	25622	22.51%
2007	51	11.0%	28441	22.27%
2008	52	−9.6%	25710	21.57%
2009	53	19.8%	30801	21.53%
2010	54	13.0%	34805	21.37%
2011	55	4.6%	36406	21.04%
2012	56	14.4%	41649	20.92%
2013	57	18.2%	49229	20.87%
2014	58	8.3%	53315	20.64%

续表

年份	第N年	年收益率	模拟累计净值	年化收益
2015	59	6.4%	56727	20.39%
2016	60	10.7%	62797	20.22%
2017	61	23.0%	77240	20.26%
2018	62	0.4%	77549	19.91%

备注：巴菲特1965年收购伯克希尔·哈撒韦公司后，收益率以该公司账面价值增加值测算。

对于追求概率的人来说，他们需要几方面的能力。最基础的部分是理解和计算概率。很多时候，人性的弱点会让我们失去概率思维的能力。我举一个彩票的例子，如果计算过彩票的数学期望值，就知道从概率上来说，买彩票是非常不合算的行为。一个理性的人，不应该买彩票。但是人性都希望自己是那个拥有好运气的人。我们总是会看到这个人中了几百万彩票，那个人中了几千万彩票，也希望好运气降临到我们身上。

还有一个例子是人性害怕亏损。假设有两个机会，一个是100%给你24万，另一个是25%的概率给你100万。从赔率角度看，应该是第二个机会更好。但是绝大多数人会选择稳妥的24万，毕竟后者有75%的可能什么都得不到。

除了概率思维，还要有竞争优势。竞争优势意味着，你在这方面能比其他人做得更好。我们再拿投资举例。巴菲特在投资上的"竞争优势"，一方面是他对价值投资的坚信不疑，虽然价值投资也有失效的年份；另一方面是他的商业模式，负债端很稳定，使他能拿到好的资产。

对于追求赔率的人，投资视野可能更重要。高赔率低风险的机会，并没有我们看上去那么多。每年年初，大家都觉得市场有这么多翻倍的机会。但一年下来发现，其实有20%~30%的收益率就很高了。那意味着，那些一开始看上去空间很大的机会，也对应同样的风险。因此视野就变得重要，要看你能不能抓住这个机会。最终，绝对能长期受益的是，我们在投资中获胜的概率高，或者找到高赔率低成本的机会。

二、什么样的公司值得长期持有

首先这个公司的业务和产品应该是稳定的，几十年后在业务和产品不发生大改变的情况下依然被大众需要和欢迎。其次公司管理较为优异，有良好的企业基因和传统。再次公司应该是较为赚钱的行业，有较高的毛利和净利，公司能保持一定的增速或者不需要额外运营资金就能产生高现金流。投资者应该去寻找这样的好公司，然后有耐心地长期持有。其实选择本身就是一种风险，经常作投资决策，很容易发生错误，然后让自己疲惫不堪。投资的道理都很朴素，所以要遵循从简原则。

标准普尔500指数中回报最高的20家公司（1957—2006年）

排名	1957年的名称	2007年的名称	1957~2006年的回报率（%）	所属行业
1	菲利浦·莫里斯	阿尔特里亚集团	19.88	日常消费品
2	雅培制药	雅培制药	15.86	卫生保健
3	克瑞公司	克瑞公司	15.47	工业
4	默克公司	默克公司	15.43	卫生保健
5	百时美公	百时美施资宝公司	15.43	卫生保健
6	百事可乐公司	百事有限公司	15.40	日常消费品
7	安美糖业公司	小脚趾圈公司	15.12	日常消费品
8	可口可乐公司	可口可乐公司	15.05	日常消费品
9	高露洁公司	高露洁公司	14.99	日常消费品
10	美国烟草	富俊名牌公司	14.92	非日常消费品
11	亨氏公司	亨氏公司	14.48	日常消费品
12	辉瑞制药	辉瑞制药有限公司	14.48	卫生保健
13	麦格劳—希尔图书公司	麦格劳—希尔公司	14.31	非日常消费品
14	先灵公司	先灵葆雅公司	14.22	卫生保健
15	美国箭牌糖类公司	箭牌糖类有限公司	14.15	日常消费品
16	斯伦贝谢公司	斯伦贝谢有限公司	14.06	能源
17	宝洁公司	宝洁公司	14.05	日常消费品
18	好时公司	好时公司	14.02	日常消费品
19	克罗格公司	克罗格公司	14.01	日常消费品
20	梅尔维尔制鞋公司	CVS连锁药店	13.85	日常消费品

白酒行业如贵州茅台、五粮液、泸州老窖等，这是很具传统性且有循

环消费特性的行业。喜欢的会一直喜欢，高档酒还是社交送礼必备的商品。

传统中医药如片仔癀、云南白药、同仁堂等，这些中国传统中医药，流传时间长，有传承性，不少具有独占性，未来产品也不会有大的改变。这是原先被忽视的一个板块。

银行业如招商、兴业、平安、宁波等，银行有几百年历史，为经济发展必需，国内银行更具稳定性。银行目前从2015年低谷开始有爬升趋势。

保险业如平安、人寿、太保等，保险行业的公司较多，但是赚钱的保险公司其实不多，这个行业会一直被需要，并且会集中。

大的龙头集中性行业如地产（碧桂园、万科、融创等），乳业（伊利、蒙牛），人的基本需求吃、穿、住、行中，住、吃稳定些，而行变化较快，如现在的飞机、高铁、电动车，未来的自动驾驶等。穿更是个性化，品牌林立，快销行业稳定性差些。

有些行业则容易被颠覆，稳定性差的如IT科技行业，总让人感觉日新月异。一些细分行业，其实都是属于支配性质，当主行业发生变化时，从属行业也将"皮之不存毛将焉附"了。有些家电消费品行业，比如格力电器、美的集团等也在不断变革和发展新产品与业务。

一些公共事业性质企业，比如水电煤油、交通运输类，属于行政垄断性质，定价权差，可扩展性不强。例如三大运营商，行业很大，但一过了发展期，在通信资费上又不能把控，业绩就一般般了。

而有些细分的专业公司的确是值得关注的，比如做酱油的海天味业，比如专科性医院爱尔眼科、通策医疗等。

三、亚马逊涨幅800倍，为什么不是好股票

1929年以来，全美上市公司中涨幅最大的一个公司叫亚马逊。贝佐斯从一个离异家庭的孩子一路搭天梯走到顶端，将亚马逊打造成为一家万亿美元市值的企业，其本人也成为了全球首富。许多人从后视镜看，如果从上市第一天就相信了贝佐斯的"Day One"梦想，一直买入其公司股票并持

有到今天，那么早就实现财富自由了。但是看下面这张图，说明了一个很显著的问题。亚马逊的股价在 2000 年网络股泡沫破灭后，最大跌幅达到了 99.5%，并且用了 10 年零 6 个月的时间，才打破 2000 年的那个高点。任何一个普通人，都承受不了如此大幅度的股价回撤以及如此长时间周期的等待。

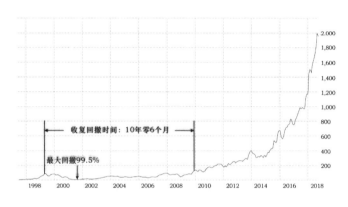

亚马逊过去 20 年的股价变化

在投资中，我们往往最重视的是资产收益率指标。许多人希望能够重仓持有一个 10 倍股，或者一个 100 倍股。我们把亚马逊作为一个资产的例子，当这个资产在过去 20 年的年化收益率达到了 37%，股价涨幅超过了 800 倍的时候，你一定会认为这就是过去 20 年最好的资产。然而如果我们仔细看亚马逊的表现，在 2000 年网络股泡沫崩溃时，其股价出现了99.5% 的跌幅。跌幅程度和其他的互联网泡沫公司相比有过之而无不及。在这个时候，股票持有人又如何相信亚马逊不会最终倒闭退市呢？第一轮互联网公司真正最后杀到移动互联网的只有亚马逊和 Priceline，那么如何判断亚马逊不会是下一个雅虎、美国在线、戴尔电脑、Lycos 搜索引擎呢？

即使一个投资者坚信贝佐斯一定是那个天选之子，但是在持有亚马逊股票长达 10 年的过程中，才能慢慢看着公司的股价从废墟中爬出。中间还要经历一次地狱一般的 2008 年金融危机，当时，美国前五大的投资银行都面临破产风险，大家都认为美国股市会再经历一次 1929 年那样的大萧条，世界末日就在眼前。

投资者只有在经历了这一切漫长的折磨后，才能慢慢享受到亚马逊的股价起飞，迎来亚马逊过去几年 AWS 云业务逐渐成长起来，Prime 会员体系的护城河越来越强，以及新零售加速布局等大好形势。

那么，谁真正能从头到尾在亚马逊身上赚到 800 倍呢？估计只有三种人：持有公司股票无法抛售的亚马逊员工、把股票忘记的人、傻子。

对于任何正常的投资者来说，是没有可能从头到尾经历这种磨难的。如果你的资金加了杠杆，那么在亚马逊股价暴跌的时候，你的资金早就爆仓了。

对于投资人来说，到底什么是最重要的呢？我的理解是，波动率很多时候比表面的涨幅更重要。能够让你赚到钱的，一定是长期波动并不大，并且不断向上的资产。如果一个资产或者股票每年不出现回调，稳步向上涨 20%，并且你一直持有，"吃"到完整的收益率，这个才是最有价值的。

我们拿中国投资者来举例，过去 20 年大家赚到钱的资产是房子，大部分人在股票投资中是亏钱的。难道股票真的是很差的资产吗？当然不是。如果在 A 股成立的时候等额买入所有的资产，拿到今天的年化回报率约 15%（按 30 年上证指数涨幅加分红估算）。剔除房子中的杠杆因素，其实地产的年化回报率并不比股票高。但是房价过去属于向下波动很小的资产，最终的结果是，投资房子的人能够长期持有，获得资产的整体回报。投资股票的人，追涨杀跌，70% 以上的人亏钱。

投资中最重要的是拿得住，99% 的人是拿不住回撤 80% 以上的股票的。那些看上去几十倍、几百倍的涨幅，其实和大部分人无关。投资的核心是风险控制，最好的投资是获取剥离风险以后的收益。那种真正能够把风险剥离掉的收益，无论多低，都代表着极强的确定性。在高确定性面前，你一定会重仓持有，甚至加杠杆。我们看巴菲特在 2008 年入股高盛，买的是优先股。当时巴菲特只要作一个判断——高盛会不会倒闭就行了。只要高盛不倒闭，他就能拿到 9% 的分红。同时如果股价上涨，还能转化成普通股票。巴菲特最优秀的地方，并非挖掘牛股，而是识别风险。甚至在入股高盛的 6 个月前，雷曼 CEO 福尔德也给巴菲特通了电话，但是巴菲特一眼就识别到这是一个濒临破产的公司。

不确定性就是风险，投资中每个人都在面对一个充满不确定性的世界。当亚马逊的股价跌了99%之后，你怎么能够确定它未来会成为一个万亿美元的公司，你怎么能真的相信贝佐斯的初心就能够带领公司走出泥潭？在持有10年股价稳步上涨时，你又如何抵挡住诱惑不去换成别的公司股票？相反，从一个投资案例的角度看，在2013年移动互联网爆发之后，看到亚马逊确定性大幅提高后，投资亚马逊才是一个比较合理的选择。

投资的世界，一定有人"中彩票"，一定有人买到100倍以上收益率的股票，但那个人不一定是你。投资比的不是爆发力，而是比谁活得更长。组合的波动率、风险控制、消除不确定性，是比单纯股价涨幅更重要的思维角度。

四、精彩的庄家采访录

问：坐庄最难的是什么？

答：最难的应该是出不了货。

问：那你们会怎么办？

答：放出利好消息吸引散户配合拉升。

问：现在散户都学聪明了，如果他们不追怎么办？

答：呵呵，那就继续拉啊，拉到散户心痒痒。

问：为什么你们拉升的总是以绩差股居多？

答：绩差股盘子小，再者绩优上市公司市值太大，再说他们根本瞧不上我们。

问：为什么你们不在绩优股上经常拉涨停？

答：越是绩优的股票我们越是不希望散户进来，干吗要拉涨停吸引散户。

问：为什么在垃圾股下跌浪上拉涨停？

答：下跌浪散户都不愿意参与，只有涨停才能吸引进来，上涨浪我们不希望散户进来，下跌浪我们更需要勾引散户追进，好股我们希望散户都被磨出去，不能让散户赚得那么容易！

问：现在的散户都学聪明了，你们会不会担心跟风盘不多？

答：市场中到处都是傻子，有什么担心的。

问：为什么有些公司出了重大利好就是不涨？

答：利好都知道了，小散户就会蜂拥进来，我们可不想给他们抬轿子。

问：那你们会怎么办？

答：砸盘，洗一波再说。

问：万一洗不出去怎么办？

答：怎么会洗不出去，先砸它几个跌停，你看看恐慌盘多不多。

问：万一拉到高位出不了货你们会怎么办？

答：找媒体、找大V当托，联系上市公司制造新闻，我们跟上市公司股东很熟的。

问：你们一般什么时候会砸盘？

答：等筹码出得差不多了，剩下的小部分筹码实在不行就一股脑挂到跌停，爱咋咋地，无所谓了。

问：你们也会被套吗？

答：当然，经常的事，有时还要自救。

问：你们拉的盘子会跟上市公司商量吗，他们会愿意吗？

答：当然，很多小市值公司巴不得我们去拉，对我们很热情，因为他们也要解禁，也希望股价在高位。

问：在这个过程中你们最喜欢的是什么？

答：我们最喜欢看散户追涨杀跌的样子。

问：你们最多用多少账户操盘？

答：差不多5000多个。

问：从哪弄这么多账户？

答：偏远山村的农民，给点好处很容易被搞定。

问：这个市场你们最喜欢什么样的散户？

答：当然是"小白"，割的就是小白的韭菜。还有女人，女人比较感性，比较容易追涨和"割肉"。

第七章 热胀冷缩忌趋炎附势

一、逆向投资

高收益来自低情绪。事后看起来非常优秀的投资，在当时往往不被主流市场认可，甚至会被主流市场嘲笑。但是在这个市场中，对错从来都不以认可的人数多少来评价。事实上，市场的价格就是由绝大多数人"用钱投票"投出来的。所以，和当前价格不一致的观点，必然会遭到当前绝大多数市场参与者的反对。由于绝大多数参与者长期是没有超额收益的，因此那些能够产生超额收益的看法在当时很难被大众接受。

应当集中全力去购买那些失宠的公司股票，也就是那些由于整体的市场状况，而对一家公司真实价值产生误判，使该公司的股价低于其内在价值，应果断大胆地买入这样公司的股票。这样的公司我把它称为"蒙尘的珍珠"。优秀投资者的基本素质就是能够不盲目地接受主流的意见，但也不会仅仅为了反其道而行，就随便否定流行的观点。相反，应该拥有更多的知识，运用更好的判断，全面评估具体状况，并且对自己的观点非常自信，敢于逆向投资。

霍华德·马克斯说过："我们不知道自己所处的市场将要去往哪里，

但是我们必须知道目前自己身处市场的何处,这些对于我们的投资决策起到了至关重要的作用。"

作为一个投资者,你是在当股票价格大涨,人人追高买股票的时候跟风买入?还是应该在价格连续大跌,人人"割肉"杀跌卖股票的时候逆势买入?答案是非常明显的。

追逐趋势热门高估值股票,等待你的是"不知道何时会来临的下跌"。挑选无人问津冷门低估值股票,等待你的是"不知道何时会来临的上涨"。虽然时间上没人知道,但无论早来晚来,结果都已是注定了的。当然,还要避免"投资中的陷阱",彼得·林奇曾提出要避开以下六种股票。

(一)避开热门行业的热门股

彼得·林奇认为这类热门股票被太多人关注,过高的预期和不理智的情绪会快速吹起泡沫,而暴涨过后往往伴随着暴跌,投资者来不及从中抽身,因此会遭受巨大损失。

(二)小心那些被吹捧成"下一个"的公司

被吹捧成"某某第二"的公司从不会成为那个公司,这种称号的出现往往代表着这些公司即将走向衰落,投资者应该学会规避而不是蜂拥而入。

(三)避开"多元恶化"的公司

所谓"多元恶化"是指公司通过频繁的收购、卖出、再收购、再卖出的过程,不断收购价格被高估且业务与公司主业严重不符的小公司。这类收购的失败案例数量众多,如吉列公司曾收购医药箱生产线,由于业务失败,最后不得不快速抽离。

(四)当心小声耳语的股票

由于没有什么实质内容,这种公司通过人们的口口相传被知晓。它们是具有诱人噱头的新公司，使用创新或者复杂的方法解决问题，但大多尚未创造出明显的收益。彼得·林奇认为，这类公司风险很大，普通投资者应该谨慎对待，即使被认为前景广阔，也需要等到公司盈利后再考虑投入。

（五）小心过于依赖大客户的供应商公司的股票

小心供应商公司，也就是旗下25%～50%的产品均卖给同一个客户的公司。这类公司对单一客户依赖度较高，多处于不稳定的发展状态。由于害怕客户取消购买合同，公司不得不降低价格、压缩利润，并接受不合理的条件，这类公司很难获得成功。

（六）小心名字花哨的公司

花哨的名字容易吸引投资者的目光，并给投资者带来错误的安全感，例如在名字中加入"高端""微型"等名词，但它未必是真正的优质公司，在作投资决策时，投资者应更加慎重。

逆向投资的几个要点。

（一）方向要正确

逆向投资不是为了逆向而逆向，不是与大部分人不同就会获得收益。所谓的逆向投资在股市上是指绩优股基于大环境或者基于某些偶然事件而造成大跌，对于业绩没有长期影响，由于恐慌或者融资盘爆仓等原因导致大家纷纷出逃，当达到低估值时不惧恐慌，反大众而行，勇敢买入，用大盆接金子。当某些炒作股炒到高潮时，后续连续跌停，投机者纷纷"割肉"卖出，此时你若反其向而行，这就不是逆向，因为你方向错了，所以逆向投资首先方向要正确，要符合价值投资的方向才是正确的"逆向投资"。

（二）有胆识独立决策

在价值投资的基础上，要养成有独立决策的勇气。要从大众的恐慌或者贪婪中冷静地评估当前的情形，从种种言论中经过深思熟虑作出独立的判断。大跌时市场总是充满各种悲观的声音，大涨时又总是弥漫各种乐观的氛围，要从繁多的言论中拨开重重迷雾，理性地看清企业长期发展的本质和当前状态下估值的理性程度。简单举例，可以将大盘点数作为定性决策，当上证指数低于 3000 点时，如股票本身业绩没问题，遇到大众恐慌大跌就不应卖出而是应该逐步买入，一定要结合当前估值情况判断。有胆识有勇气并不是让你做一锤子买卖，了解一个人总需要时间，逆向投资也是如此，要胆小，即牢牢把风险放在第一位，可以经常错失赚钱的机会，但不能让自己陷入危险的境地。有一句老话说：我见过老股民，见过胆子大的股民，没见过胆子大的老股民。

（三）耐得住煎熬

逆向投资不是说你买后就会立即见效，很大可能股票还是会继续跌，跌完继续震荡，到了让你赚一点时候又开始跌，跌完又反弹回本然后再跌，过程曲折，荆棘密布。从平时的工作生活中，大家也能感觉得到，越是跟大部分人做同样的事，遇到的阻力越是小的。越是与众不同，遇到的往往是各种无形的压力。投资也一样，逆向投资注定与众不同，孤独难耐是必须经历的。没有自己清晰的认识，坚持到最后是非常困难的。在这个过程中，有可能会受到无数次的嘲笑，每一次都可能让你放弃，从而半途而废。

（四）做好仓位管理

市场先生常常反复无常，没有最低，只有更低。管理好仓位，准备好现金，否则，一旦有罕见的投资机会时，手头没现金也只能干瞪眼，逆向投资效果也会大打折扣。投资千万不要想着抄到底部，长远看底部是一个区域，慢慢买、分步买，成本一般能保持在相对低的状态。成本低有助于你保持良好的心态，从而有利于你长期持股等待估值修复。同样，市场过分高估时,要学会逐步变现,赚钱卖出相对容易办到。

二、不作预测

航船:从此岸到彼岸

"对于只会导致投资人与商业人士神志不清并且代价昂贵的政经预测,我们继续保持视而不见的态度。30 年以前,没有人能够预测越南战争会继续扩大、工资与价格管制、两次石油危机、总统下野、苏联解体、道琼斯指数在 1 天之内大跌 508 点,以及国库券利率在 2.8% 与 17.4% 之间波动。不过令人感到惊奇的是,这些重大的历史事件从未给本杰明·格雷厄姆的投资原则带来任何的打击,也没有让以合理的价格买入优秀企业这一策略看起来有任何的不妥。想象一下吧,如果我们因为这些莫名的恐惧而延迟或改变资金配置,将会付出多少代价?"(巴菲特致股东的信,1994 年)

当你准备乘船去远航时,你事先需要关注的是船的状况:它是一条大船还是一条小船,是一条好船还是一条破船,是一艘可以乘风破浪的巨轮,还是一块仅可以在冲浪时让你大显身手的舢板。旅途中,何时、何处会遭遇何种的风浪你事先并不知道,但只要船体足够坚固,船长值得信赖,你就有望冲破各种险阻,胜利到达彼岸。想一想,我国从 1990 年股市开始运转直到今天,经历了多少险滩,即使是我们对股市不满意,股指还是从最初的 100 点增长至今天的 2985 点(2020 年 6 月 30 日收盘价)。而且这还只是大盘指数的增长记录,如果你买对了股票个股,其回报会更可观。

关于宏观经济和股市预测,曾被称为"基金经理第一人"的彼得·林奇说:"每年我都和一千多家公司的负责人谈话,而我总是免不了会听到各种掘金人、利率论者、联邦储备观察者以及财务神秘主义者的论调。数以千计的专家研究超买指标、超卖指标、头肩曲线、看跌期权、提早赎回率、政府的货币政策、国外投资,甚至看星象、看树上飞的痕迹等。但他们还是无法有效地预测市场,就像罗马帝国身边的智士,绞尽脑汁也算不出敌人何时来袭。

"我不相信预测市场这回事,我只相信买大公司,尤其是被低估的公司,无论道琼斯工业指数是 1000 点还是 2000 点,你手上有莫克、玛丽欧特和麦当劳的股票,你就什么都不用担心。如果你在 1925 年就买了好公司的股票,并经历了大崩盘和大萧条而没有脱手(必须承认这并非易事),那么到了 1936 年,你会对结果感到满意的。

"无数的例子显示,选对了指数走向却选错了股票,你还是会赔掉一大半的资产。如果你依赖市场来提升你的股票,那还不如搭巴士到大西洋城赌一把。如果你清晨起来,告诉自己:我要去买股票,因为我想股市今年会上涨,那么你最应该做的事是把电话线拔掉,并且离证券市场越远越好。"

"买入股票时,我们关注的是价格而非时间。在我们看来,因为忧虑短期经济形势的变化或是股市的短期波动(两者很难准确预测),而放弃买入一家有着确定长期经济前景的公司,是一件很愚蠢的事。为什么要让一件不确定的事情去否定一件确定的事情呢?我们关注的是这些公司未来的商业前景,而不是道琼斯指数的走势、联储的动向或是宏观经济的变化。如果我们觉得这样的方式适用于买下整家公司,那么当我们通过股市买进一些优秀公司的部分股权时,为什么就要采取不一样的行动呢?"(巴菲特致股东的信,1994 年)

当一只股票出现非理性下跌时,如股价仅仅是跟随市场大盘一起下跌,如市场对公司的某些临时性问题出现过度反应等,一个企业投资者和一个市场交易者会有完全不同的行为模式。企业投资者这时会想:哦,太便宜了吧,于是他会果断买入。市场交易者会想:宏观经济还不明朗。

因为股市上涨而买进,同时因为股市下跌而卖出。这种做法是与其他商业领域的合理经营原则背道而驰的,而且很难在华尔街取得长久的成功。根据我长达 50 余年的市场经验和观察,我从来没有发现过一个依据这种"追随市场"的方法而长期获利的投资者。我们可以大胆地认为，此种方法无疑是荒谬的，虽然它仍然十分流行。——本杰明·格雷厄姆《聪明的投资者》

那些能够预测未来的投资者，应该在市场即将启动时满仓，甚至是借钱买入，而在市场即将下跌时及时撤出。不幸的是，这些声称能够预测市场走势的投资者，常常显得口气大于力气（迄今为止，拥有预测能力的人我一个也没见过）。——塞思·卡拉曼《安全边际》

人类的本性使他们成为非常精明的股市时机预测者，心不在焉的投资人不断经历着三种心态的转换：关切、自得与投降。投资人关切股市是否下跌，或者经济是否转坏。这些情况让他不肯趁低价买进好公司的股票。在他以较高的价钱买入股票后，他自得地看着股价继续上扬。此时，正是他应该查看一下股价基本面的时刻，但他没有行动。最后，当他的股票开始下跌到买入价格以下，他投降了，心慌意乱地卖掉股票。——彼得·林奇《选股战略》

三、巴菲特的选择

（一）采取股票净买者的思维模式

"我期望自己在一生中都做一个持续买入的投资人，对于股市波动持同样的态度。反之，有许多不合逻辑的投资人，他们在股市上涨时高兴，在股市下跌时沮丧。奇怪的是，他们对于食物价格的反应一点都不会搞错：由于清楚地知道自己每天都会买入食物，因此他们欢迎价格的下跌而反对价格的上涨（只有卖食物的人才会反对价格下跌）。同样，在水牛城新闻这里我们期望的是印刷价格的降低——尽管这意味着我们印刷品的存货价值也会向下调整，因为我们知道，我们需要一直买进这些服务。"（巴菲特致股东的信，1990年）道理尽管并不复杂，但股市上能这样思考问题的人却不多。中国的一句古话放在这里也许可以形成某种呼应：不谋万世者，不足以谋一时；不谋全局者，不足以谋一域。

（二）重要的是独立思考

以上所述，并不代表选择那些不受欢迎或不受关注的生意或股票就是聪明的投资，反向操作有可能与"追随大众"的策略一样愚蠢。真正需要的是独立思考而不是统计选票。不幸的是，伯特兰·罗素对于人性的观察同样也适用于金融投资：大多数人宁愿死，也不愿意去思考！逆向投资不是赌大小，巴菲特说过一句很重要的话——如果你不比"市场先生"更懂得你手中股票的价值，你就不宜与他玩这种游戏。

（三）内部计分卡

"然而，获得别人的赞许并不是投资的目的。实际上，它的效果常常会适得其反，因为它会让你的大脑麻痹，从而让自己难以面对新的事实，或者难以去重新审视过往的决定。当心那些获得掌声的投资行动，当某项投资获得公众的欢呼时，你需要做的也许只是打一个哈欠。"（巴菲特致股东的信，2008年）内部计分卡与独立思考，其实是一枚硬币的两面。

（四）乐观者等待悲观情绪的到来

"股价不振的大部分原因是源自悲观的情绪，有时是全面性的，有时则仅限于对某个产业或公司。我们很期望能在这种环境下做生意，不是因为我们喜欢悲观情绪，而是我们喜欢由悲观情绪所造成的价格下跌。乐观主义才是理性投资人的敌人。"（巴菲特致股东的信，1990年）

"事实上，我们通常都是在人们对某个宏观事件的恐惧到达高峰时，才找到最佳的买入点。"（巴菲特致股东的信，1994年）

"恐惧是趋势投资人（faddist）的敌人，但却是生意投资人（findamonit）

的朋友。"（巴菲特致股东的信，1994年）

"投资时，悲观情绪是你的朋友，乐观情绪是你的敌人。""当天上掉金子的时候应该拿桶去接，而不是拿一个小小的顶针。"（巴菲特致股东的信，2009年）

四、避开两扇门

股票投资，要避开"两扇门"。不仅要避开"投资热门（高估值）"，还要避开"经营热门（竞争激烈）"。"投资热门"容易理解，热门的股票往往伴随着高估值，即使是好公司，如果买入价格太高，也将变成一笔平庸的投资，甚至是亏钱。什么是"经营热门"呢？傅喻专访巴菲特的这段对话是很好的回答。

傅喻："现在投资人总说投资最有前景的领域是人工智能、大数据和生物技术。这些观点有道理吗？"

巴菲特："这些行业今后将会非常重要。但是，如果你回头看，在1903年，亨利·福特也许是美国最有名的商人——从事汽车业务。如果你再去一个搜索引擎搜，你可以看到一千多家公司进入汽车行业。而在2009年，只有三家左右留下来，其中两家还破产了。汽车对于美国经济非常重要，让美国经济产生了巨大的变化，但是，这并没有让每一个人都富有。事实上，大多数汽车公司，几乎全部都是停产了。所以，你不要把一个重要的行业与一个对投资者有利可图的行业混在一起。毫无疑问，人工智能很重要，你会看到这个领域的各种发展，而生物技术也是一样的。但是，这并不意味着你去买一个人工智能公司或生物技术公司的股票，就能赚钱。"

有前途的行业不等于"有钱图"的行业。很多人追逐热门行业、高科技行业、国家扶持的行业等。汽车与电视机刚刚问世的时候，在当时算是绝对的高科技行业，甚至是对国家对世界都非常重要的新兴行业，有着广阔发展前景的行业，但是你买入这个行业公司的股票却不一定能赚到钱，相反，亏钱的概率却非常大。因为成千上万家企业，最终能活下来并赚钱的只有三两家，这胜率比中彩票还低。前些年新能源、太阳能、环保、互联网金融等兴起，大家一窝蜂地扑向这些行业，结果呢？亏得一塌糊涂！

五、学会五个放弃

现代社会的分工越来越细，使经济产生了日新月异的发展，也导致每个行业需要的知识和技能的积累越来越多，要求越来越高。我们每个人在自己的岗位上努力学习和工作，换取其他的产品和服务。俗话说得好，隔行如隔山，古时候形容一个人有学问叫"学富五车"，如今五车竹简的知识可以放在 U 盘这样一个小小的空间里。知识实在是浩如烟海，每个人穷其一生也不可能学完，而投资理财是每个职场人士一生中都会遇到的问题。

如今是一个信息爆炸的年代，信息泛滥对普通的职场人士投资理财并不是一件好事，退一万步说，即使很多有益的信息，对我们来说也要学会有所不为。为什么这样说呢？现在很多媒体平台上的话语权都在专家大 V 手里，所谓的最终的成功者，很多也只是幸存者偏差。普通人即使花上 10000 小时也不一定成功。

那么，是不是我们就只能放弃了？这倒也不是，关键是我们作为普通投资者必须弄明白"有所放弃才能有所得"。和其他专业一样，投资也是一门专业，如果我们不想把投资作为自己的主业，那么你的精力肯定是分配不过来的，所以最重要的是要学会放弃，有所不为才能有所为。举个例子，现在可转债发行越来越多，机会也越来越大。但投资可转债有很多策略，如正股策略、套利策略、条款博弈策略、可转债的期权 B-S 模型等，这些知识要学会并能在实践中灵活运用，不花大力气是不可能的。但其实还有一种更加简单的方法，就是平均买入 100 元以下的可转债一直持有，直到强赎或者大于 130 元以上，经过回测，这样操作的效果并不比运用以上各种高大上策略差。

第一，放弃赚对手的钱，坚持赚企业的钱。过去市场长期无效，产生了很多赚对手钱的机会，比如靠低的 PE、PB 轮动就能赚得盆满钵满。但最近几年，这种主要靠赚对手钱的方法，越来越不适用了。今年甚至出现了 PE、PB、股息率等传统因子大幅跑输指数的情况。长期来看，随着外资的不断进入，影响也越来越大，市场也越来越有效，最终大部分人都是要靠赚企业的利润而不是赚对手的钱。

第二，放弃低产出赛道，坚持高产出赛道。无论是在美国还是在中国，大消费这个行业，包括食品、家电、医药、保险等行业天生容易出大牛股，而有些行业，比如军工，则很难出大牛股，这从巴菲特推荐的 ROE 指标就能看出，比如食品的长期 ROE 都在 20% 左右，而军工的长期 ROE 都在 10% 以下。

第三，放弃普通公司，坚持头部公司。即使在食品行业里，也有很多是没有价值的公司。市场竞争越来越激烈，也导致在每个行业里资源都往头部企业集中。比如说在竞争激烈的家电行业，一共 59 家上市公司，其中美的、格力、海尔"家电三剑客"的收入在整个家电行业中的占比高达 60%，而归母净利润占比则高达 90%，绝大部分利润都被这三家公司赚走了。

第四，放弃短线热点，坚持长线投资。这里的短线有两种，一种是对市场的看多看空，一种是热点的起伏。比如说牛市来了，券商肯定会走好，我们是否要追？不是说追就不好，但作为普通投资者，没精力也没能力去追这些热点，还不如守拙。

第五，放弃好高骛远，坚持脚踏实地。看到很多媒体上的股神，动不动就是一年翻几番的收益，对普通人来说肯定会心动，但即使这些收益是真的，他们的方法也很难被我们普通人效仿。制定一个切实可行的长期目标，比眼热"股神"的收益率要重要很多。比如年化收益率在10%以上，或者长期能跑赢沪深300指数，是经过一定的努力可以达成的目标，这里的长期至少是5~7年，一个牛熊周期以上。

第八章 舍小就大忌因小失大

一、弱者更弱,强者恒强

中小企业在风平浪静时或许还能有所成长,但在经济下行且叠加各类危机的催化下,往往是举步维艰,而一些大企业反而逆势扩张,日益壮大。对这个现象,中泰证券研究所李迅雷所长作了很好的概括。

(一)中小企业生命周期太短

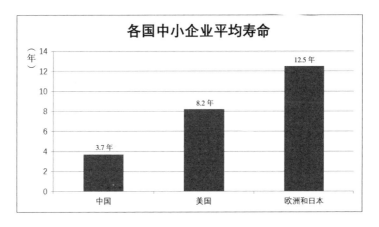

我国中小企业平均寿命仅 3.7 年

中小企业的生命周期如此之短暂,融资难、融资贵的问题就自然会出现，这不仅是中国的问题，也是全球性的难题。为何西方商业银行的主要业务都是零售业务呢？因为个人生命周期比中小企业长多了。生命周期越长，信用评估的准确度就越高，业务就越容易做大。这些年来，国内银行的零售业务占比也越来越大。美国的证券市场化程度较高，上市公司的退市率也很高，从1980年到2017年这37年间，累计上市公司数量约26500家，而累计退市公司数量约为14180家，占比超过50%，这从一个侧面反映了中小企业生存不易。

此外，中小企业生命周期的长短，与经济周期处在哪个阶段有很大相关性。如果经济周期处在上升阶段，则中小企业会像雨后春笋一样成长起来；如果经济周期处在下行阶段，则其生命周期就会更加短暂。而中国经济增速自2011年至今，一直处在下行中，说明了当前我国经济确实处在下行周期中，中小企业日子自然就不好过。

安信证券首席经济学家高善文博士研究指出，观察一季度CPI中的家庭服务及加工维修服务价格，会发现其下降幅度和金融海啸时期一样。也就是说，以金融海啸为参照，在家庭服务及加工维修服务领域，价格下降的相对幅度是总体价格水平下降幅度的五倍。这一现象说明，低端劳动力市场（还可扩展到部分行业及中小企业）在疫情中受到了额外大的需求冲击。部分行业、企业，特别是中小企业以及低收入人群在疫情期间受到了更显著的冲击，需要通过转移支付等方式对其进行救助。

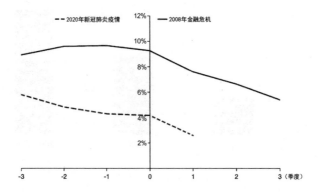

CPI中家庭服务及加工维修服务价格同比：2020年 VS 2008年

(二)大企业更能做大——帕累托法则

帕累托法则是指,在任何大系统中,约80%的结果是由该系统中约20%的变量产生的。例如,在企业中,通常80%的利润来自20%的项目或重要客户;或者20%的企业获得了全市场80%的销售收入。例如,国内互联网浪潮从2000年兴起至今,"触网"公司数不胜数,最终阿里、腾讯等成为行业巨头,众多互联网中小企业被淘汰出局,这恐怕不止是二八现象,而是一九现象了。据统计,我国500强企业的平均营业收入规模,2006年是283亿元人民币,到2019年已达到1582亿元人民币,13年增加了4.6倍。

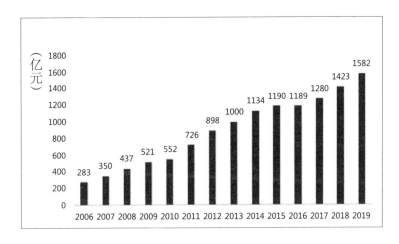

2006年至今我国500强企业平均营业收入变化

为何大企业更能做大?我们从生产要素的供给上就可以得到解释。大企业在土地成本、人才获得、技术开发和资金成本等方面,都具有明显优势,因为企业大了之后,一般社会信用度可以明显提高,不仅能够吸引优秀人才,而且可以获得更加低廉的用地成本,具备更强的研发投入能力,更容易获得优惠信贷利率等。从过去30年美国股市中大市值公司的数量占比和市值占比看,两者的比重均在提高,其中市值占比从1990年的不足10%,提高到当前的70%以上,上市数量占比也上升了20个百分点。

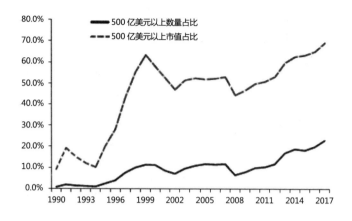

1990年至今美国500亿美元以上市值公司占美国股市比重

国内新经济发展过程中一些大型企业到境外上市的比较多，如携程、腾讯、阿里、百度、新浪、京东、美团等。境外机构投资者更偏爱中国的消费类股票。

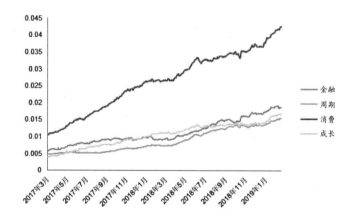

北上资金持股占流通股本比例的中位数

这反过来也说明在经济转型发展的过程中，中国与消费相关的平台型大企业更容易做大。尤其在经济下行的过程中，行业加速整合，优胜劣汰过程使头部企业的市场份额越来越大。例如家电行业已经形成了三巨头，房地产企业中销售额排名前10的企业，市场占比从2008年的不足10%，到如今接近30%。经济转型加速的过程，一定是经济减速阶段，因为经济减速会倒逼转型。大部分企业可能难以转型，尤其是中小企业，所以要么被淘汰出局，要么就落伍了。而且，这个过程还远远没有结束，因为中国大部分行业内的头部企业，其市场份额与西方国家的行业头部企业相比还较低。

国内一位投资大佬在谈及对金融危机的理解时，有这样一段论述："用生物学和市场观察可以理解的常识，在金融学里面却被人为复杂化了。在任何一次经济危机中，其实都是竞争优势的选拔赛，小企业倒闭，大企业集中几乎成为必然。台风来的时候，小树被连根拔起，大树被刮断树枝，但过后却会获得更大地盘。所以优秀的企业往往是在危机里扩张，而问题企业却在危机中哀怨和沉沦。作为专业的投资者，应该采取顺应强者恒强的逻辑来处理投资，而不是相反。金融的波动，往往成为大经济体洗劫小经济体、大公司洗劫中小企业的最佳方式。金融业的台风开始出现人造倾向，金融波动成为合法的大众洗劫方式。"

二、买股要买龙头股

乱花渐欲迷人眼，但见龙头耀其间。
于无声处听惊雷，轻舟已过万重山。
买行业最优秀的那家公司的股票，长期收益通常都不错。行业第一的公司在资本市场总是能获得高于市场的回报。从传播学角度来说，在消费者行业内品牌口碑排名第一的公司，未来在相当长的时间里，一般品牌影响力和消费者口碑都会继续大幅领先第二名，这是信息传播中注定的结果，非外力可改变，这种传播规律的结果反过来又会加剧行业老大对市场的话语权。下图是拉里·佩奇通过对几千万本著作进行扫描录得的谷歌大数据，记载的是1969年7月21日美国两位登月宇航员登月前后的声望情况。

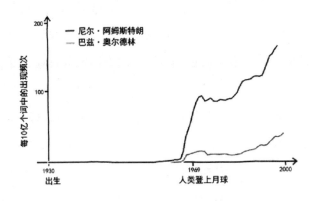

两位登月英雄的名望对比

　　如果我们问身边人有没有听说过一个叫巴兹·奥尔德林的宇航员，或许很多人脑海中不会有任何印象。但当你问人们听说过阿姆斯特朗吗？也许你不用说出他宇航员的职业，人们就会脱口而出："他是人类最伟大的宇航员，第一个登陆月球的地球人。"但人们不会记得奥尔德林也是一位和阿姆斯特朗一样极具勇气敢于遨游太空的人，他仅仅比阿姆斯特朗晚了20分钟左右踏上月球表面。结果就是，他的名望还达不到阿姆斯特朗的五分之一。

　　这次任务其实还有第三名宇航员，但几乎没人知道第三名宇航员是谁，他的名字是迈克尔·科林斯，因为被分派在指挥舱，他的名望可能和路人没什么两样。月球行走之旅，可以说是一步之遥，造成了名望的天壤之别。阿姆斯特朗至今依然被人津津乐道，我想奥尔德林与科林斯的各项能力不一定比阿姆斯特朗差，但只有阿姆斯特朗一直生活在人们的歌颂当中。所以群体对信息的传播，注定了社会各种资源（包括声望）是被第一名包揽，第二名默默无闻，第三名就仿佛没有存在过。这是一种高度集中的社会现象，并且体现在社会的方方面面，包括资本市场。

　　我们从消费品行业来看买第一名与不买第一名的长期收益率情况。

　　只买行业第一名案例如下。

案例中，此人只持有了半仓贵州茅台，此后再也没有进行过任何买卖，我们这里忽略掉2015年牛市的因素，最终四年的总收益为274%，建仓到今天，年化收益为29%左右。如果全仓，可能会更高。

不买行业第一名案例如下。

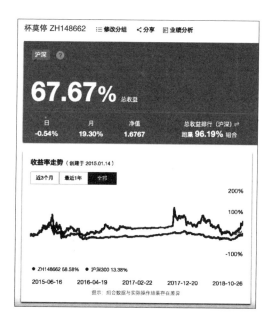

案例中，这是一位研究白酒行业的专家，和前面案例那个人的建仓时间相差一个月左右，但组合不是买第一名，而是买他认为的地方性白酒龙头公司，或者战略逐渐向好的优质品牌白酒公司，如泸州老窖、老白干等公司。中间到了一定时间点会做一些换仓选择，甚至换公司股票，买过的白酒公司比较多，但组合基本上是全仓。四年来总收益是 67.67%，年化收益是 14% 左右。上述案例可以总结如下。

（1）同样是集中投资，只买行业第一，任凭其风吹雨打，大都会大幅跑赢选择买行业二线、三线或其他白酒公司的。

（2）不去频繁调换仓，认准了一家最好的公司，就只买它，长期回报都不错。

（3）对于真正的好公司，不用太担心买入其股票的钱不够多。因为长期来看，在只买行业第一的案例中，此人 50% 的仓位都要涨到 90% 仓位了。

（4）对买的公司有信心的很多，但能做到一直不换仓的人则很少，哪怕是最好的行业分析师。

所以，与投资关系最大的不是能力，坚持一个决策 5 年以上不变才是最难的。行业中的龙头公司会继续获得社会的认可，各行各业都是一样的。游戏中的腾讯，零售中的阿里，空调中的格力，保险中的平安，等等。它们的品牌影响力，因为互联网而得到更极速的传播，在消费者的口碑中会继续得到巩固和加深，很难再被撼动。时间是好公司的朋友，是垃圾公司的敌人。

文无第一，股无第二。要么第一，要么唯一，至少也要成为关键之一。从"胜者为王"迈向"剩者为王"，贵州茅台的利润是其余 16 家白酒上市企业的总和。马太效应愈演愈烈，二八定律甚至演化为一九定律，即 10% 的精英统帅 90% 的平庸。

从 2016 年开始，价值投资正在成为主旋律，可以想见未来的行情基本上也是以价值投资为主。这种情况下规模大的公司其规模经济的效应比较突出，在管理效率没有大幅下降的情况下，不管是销售额还是获利能力，龙头公司的地位都很难被其他公司所取代。有投资理论学派主张买入行业第二或者第三的股票，因为这些公司有可能成为第一，而已经成为第一的有可能掉队。但是我们强调要么第一，要么唯一。第二或者第三的成长性或许高，但如果成不了第一的话，则始终是替补或者备选。在医药行业，一种优良的新药品问世，首先进入市场的公司会占有并维持60%的市场份额，并借此获得很高的利润。生产同类产品的第二家公司可能占有25%的市场，利润比较普通。第三家公司会占有10%的市场，利润比较微薄。其他公司再进入，基本上就处于不利的境地了。另外，规模大能够让一家公司长久保持竞争优势，不仅仅是因此能够带来较低的成本，还因为其品牌广为人知，更能吸引新客户上门。

宁等月亮，不数星星。邱国鹭认为，投资要在胜负已分、格局已定的行业中去挑选那些已经遥遥领先、竞争优势明显的企业，而不是在竞争激烈、胜负未分的行业中去赌运气。即在0-1阶段谨慎观察，在1-N阶段重拳出击。

投资就是投公司，中国人崇尚大、国有、传统、龙头、集中，即使暂时分散也是为了集中而分散观察。全球资产配置会先选美日欧，不会想到索马里；选城市会先选北上广深杭；选学校会选211、985，其实都是一个道理。

大市值、行业龙头优先。从股权和筹码的表现来看，市场定价越来越有效了。主要源于放开IPO之后，筹码越来越多，而能持续创造现金流的股权却没有同步增加，导致优质股权溢价越来越高，同时劣质股权每况愈下。有数据统计显示，截至2019年底，一些简单的大市值策略的年化投资收益，在近3年、6年、14年期间都能完胜A股市场各大指数。

三、投资要有大局观

《大学》中有段话：畜马乘，不察于鸡豚。伐冰之家，不畜牛羊。百乘之家，不畜聚敛之臣。与其有聚敛之臣，宁有盗臣。意思是说，家里有车马的人，就不要管有多少鸡和猪。夏天能从自己家地窖里取冰使用的有钱人（在古代这是一种奢侈的生活，现代当然有个冰箱就可以），就不要再去放牛放羊。对于那些有一百乘兵车（往往意味着数千人的军队，不只是一百辆马车而已）的小诸侯来说，就不要有帮他聚敛钱财的臣子。与其有这样的一个"聚敛之臣"，宁可有偷盗财物的臣子。

这段话听起来很费解，尤其是最后一句，为什么说宁可有偷盗财务的臣子，也不要有能聚敛钱财的臣子呢？实际上，这反映出中国古代政治的最高境界。因为"聚敛之臣"在聚敛钱财的时候，会毁掉国家的根基，破坏人心、破坏团结，而偷盗的臣子只不过偷走一点钱财而已。《大学》由此引出一句千古名言："国不以利为利，以义为利。"对于一个国家来说，眼前看得见的利益并不是最大的利益，整个社会的"义"才是最大、最长久的利益。

管理一个家、管理一个国，需要放弃眼前的小利，追求长远的大利，投资也是一样。在资讯大爆炸时代，人们每天能收到无数的信息。哪里的经济又衰退了，哪里的社会又不安定了，哪个行业又陷入低谷了，哪家公司又爆出丑闻了，如此种种。在过去，这些消息往往不会都传到我们的耳朵里，因为那时候消息传播很慢，获取消息主要通过报纸和电视。但是今天，随着手机、电脑的大面积普及，以及算法时代的到来，每个人都可以在一天之中，浏览到过去人们需要一周、甚至一个月才能浏览到的信息。定制化的信息甚至使每个人看到的信息都不一样，人们可以选择自己喜欢的信息阅读。

在这种信息大爆炸的时代和科技背景下，人们每天都会接触到海量的信息。而且，正所谓"好事不出门，坏事传千里"，人类天生的猎奇和比较心理，导致负面信息比正面信息更容易传播。所以，对于今天的投资者来说，他们往往能听到比过去多得多的负面信息。曾经有一个投资经理忧心忡忡地对我说："怎么感觉现在世界这么乱呢！"这就是典型的被眼前铺天盖地的负面信息淹没的情况。

面对这种情况，做证券投资，就格外要求投资者拥有大局观。所谓大局观，就是一种看到历史大格局、社会大格局的宏大视角，而不被当前的消息所困扰。对于有大局观的投资者来说，他们对今天新闻上着力渲染的突发消息，那些用了大量"刚刚""重大""突发"字眼的新闻，会像看笑话一样一笑了之，继而独自地、放松地从大局观的角度去思考问题。而对于没有大局观的投资者来说，他们被每天的信息所包围，被这些新闻和短期的变化牵着走，感到无所适从。这时候，就像"与其有聚敛之臣，宁有盗臣"一样，与其有勤于阅读新闻和公司公告的投资者，还真不如有"懒得看消息""事情发生了都不知道"的投资者了。

看看过去十几年中，我们见到的市场估值底部，如 2003 年的 H 股、2005 年的 A 股、2008 年的美股、2011 年的分级基金、2013 年的内地债券、2014 年的内地蓝筹股、2016 年和 2019 年的港股，回过头看，这些市场都构成了绝佳的买入机会。但是在当时，对于没有大局观的投资者来说，他们被负面消息所包围，在惶恐中卖出自己的仓位，从而带来巨大的损失。

整体证券市场如此，具体到每个行业，情况也是一样。比如在 2018 年到 2019 年的中国汽车市场，汽车的销量增速连续下滑，企业利润一降再降。我打开百度新闻，搜"汽车行业"四个字，出来的相关热点里，有不少诸如"2019 汽车行业寒冬""2019 汽车行业不景气""汽车行业亏损"等词条。从新闻的情况来看，汽车行业糟糕透顶是毋庸置疑的了。但是，对于一个有大局观的投资者，他会看到在 2019 年，中国的人均汽车保有量仍然只有日本、英国、韩国等发达经济体的 1/3 左右。如果说中国的汽车行业发展，会在这样一个较低的水平就戛然而止，无疑是不太可能的。

对于保险行业的研究，也需要把短期的逆境和长期的发展区别开。由于保险公司往往有不少股票投资，而这些投资又常以市价计算盈利或者亏损，因此保险公司的利润往往和股票市场的涨跌关联度很大。在股票市场低迷的年份里，保险公司的利润报表经常会变得很难看。但是，对于有大局观的投资者，他们在此时则会越过短期报表的低迷，看到中国保险市场的巨大前途：中国的人均保费仍然远不及成熟市场。而随着中国人工作、住房的基本完善，理财的需求必然成倍增长，这将是保险行业的黄金时代。

牢骚太盛防肠断，风物长宜放眼量。在证券市场，天天盯着突发消息是很难做好投资的。面对每天浩如烟海的信息，投资者需要做的，是多看社会的历史、多研究产业的规律、多了解市场的内涵，用大局观的眼光去看待当前市场在历史长河中的位置。只有这样，才能把投资做得既好又舒适。

第九章 公私兼顾忌见利忘义

著名经济学家许小年教授曾提到，中国经济未来的希望在于三类企业，投资要重视这三类企业：一是有完整研发体系的大公司；二是应用技术强的中小/初创公司；三是管理模式有创新突破的传统公司。我觉得正好对应上证50（国有企业为主）、创业板/科创板（民营企业为主）、沪深300（国有企业为主）三大板块自2016年以来的现状。存量与增量、现状与未来、实绩与故事、规模与成长这四者的关系，实际上在相当长的时期之内都会是前者优先，中国的政治、经济、企业改革都是采取以存量结构优化为主、增量创新革命为辅的渐进式发展模式，这是由中国的国情决定的。这其实也很好地解释了近些年上证50、沪深300的表现远强于创业板最根本的原因，而非单纯指责技术层面拉抬权重股所致。战术取决于战略，投资价值还是投机价差，是一个战略方向选择的问题。对私营企业需更慎重，因为"黑天鹅"层出不穷、防不胜防。

一、公私有别

（一）财务、福利、公共关系上的不同

财务上，国企是"花不掉"，民企是"贷不出"。对于国企来说，如

何在不违反八项规定、股东决议等的情况下合法合规地花钱，常常是国企管理层头疼的问题。银行觉得国企是低风险组织，因而更愿意贷款给国企；民企（尤其是中小型民企）是银行认为的高风险组织，所以银行在贷款上都比较慎重。可以看到民企老板经常性地在筹措资金（通过风投、借贷等），甚至最后只能借到年利息超过10%的贷款。很多民企的倒闭都是因为资金链断裂，国企则很少出现这样的情况。

员工福利上，国企是"能给则给"，民企是"能扣则扣"。员工升职上，国企讲求德、能平衡；民企一般是老板说了算。

公共关系上，国企是"鱼水相亲"，民企是"如履薄冰"。国企和政府一般都维持着良好的关系，大多数国企的老总都是地区的政协委员、人大代表等。

（二）国企与部分民企的财务造假比较

1. 民企想拿钱办事

民企财务造假，实为方便从金融机构拿到钱，能快速实现扩张，因此民企相对国企更容易财务造假。

2. 民企财务恶化不敢真实反映出来

有的民企经营状况已经恶化了，但是不敢真实反映出来。因为一旦真实反映出来，金融机构会从中嗅出风险，既而引发金融机构的疯狂抽贷，这样企业就死掉了。

3. 财务造假成本太低

这里，我们以财务造假的银广夏、万福生科和康美药业为例。

（1）银广夏处罚案例

资料来自《中国证券监督管理委员会行政处罚决定书（银广夏）》（〔2002〕10号）。

造假事实：经查，银广夏自1998年至2001年期间累计虚构销售收入

104962.60万元，少计费用4845.34万元，导致虚增利润77156.70万元。

处罚决定：①根据《证券法》第一百七十七条的规定，对银广夏处以罚款60万元，并责令其改正；②鉴于银广夏的部分责任人员已移送司法机关追究其刑事责任，待司法机关查清此案后，再对银广夏的有关责任人员予以行政处罚。

（2）万福生科

资料来自《中国证监会行政处罚决定书（万福生科（湖南）农业开发股份有限公司、龚永福、严平贵等21名责任人》（〔2013〕47号）。

造假事实：经查，万福生科为了达到公开发行股票的上市条件，由董事长兼总经理龚永福决策，并经财务总监覃学军安排人员执行，2008年至2010年分别虚增销售收入12262万元、14966万元、19074万元，虚增营业利润2851万元、3857万元、4590万元。扣除上述虚增营业利润后，万福生科2008年至2010年扣除非经常性损益的净利润分别为-332万元、-71万元、383万元。

处罚决定：根据当事人违法行为的事实、性质、情节与社会危害程度，依据《证券法》第一百八十九条、第一百九十三条的规定，对龚永福、严平贵等21名责任人处以5万~30万元罚款。

（3）康美药业

资料来自证监会《证监会对康美药业作出处罚及禁入决定》。

2020年5月14日，证监会宣布，近日证监会依法对康美药业违法违规案作出行政处罚及市场禁入决定，具体包括：决定对康美药业责令改正，给予警告，并处以60万元罚款，对21名责任人员处以90万元至10万元不等罚款，对6名主要责任人采取10年至终身证券市场禁入措施。

在被立案调查前，公司市值最高达1300多亿元，为市场热议的千亿市值白马股。

证监会最终认定，2016年至2018年期间，康美药业虚增巨额营业收入，通过伪造、变造大额定期存单等方式虚增货币资金，将不满足会计确认和计量条件工程项目纳入报表，虚增固定资产等。同时，康美药业存在控股股东及其关联方非经营性占用资金情况。上述行为致使康美药业披露的相关年度报告存在虚假记载和重大遗漏。

4. 国企没有财务造假的动力

国企，字面来看就是国家的企业。国企的高级管理层都是职业经理人，有的管理人员还想着后期从政，一般不会以身犯险去做财务造假的事情。企业经营得怎么样，如实反映出来就行，没必要财务造假。财务造假的收益又不是自己的，但是出了事情可都是自己的，得不偿失。

5. 财务造假是窝案，国企较难发生

想财务造假，首先得有财务相关的人员参与，其次得分管财务的领导认可，不然老老实实干活的财务人员为啥要造假呢。而在民企则不同，实际控制人一句话，让你做就得做，不做就离开，就问你是昧着良心做了升职加薪还是卷铺盖离开。估计很多人心里都犯嘀咕了，而这种情况在国企很难发生。

6. 国企面临当地监管

国企面临当地国资委的监管，省级国企要面临省级国资委的监管，甚至是审计署的督查，这进一步提高了财务造假的成本。

从实际情况来看，国企财务造假的情况比较少。同一行业同一规模相同利润的国企和民企，国企资产负债率75%，民企资产负债率55%，银行还是倾向于贷款给国企。

（三）国企财务上的优势

前面比较分析了国企与民企的财务造假情况，我们发现国企很少财务造假，并分析了其背后的原因。那么，国企相对于民企，在财务上还有什么优势呢？

第一，政府可以向国企注资。国企的资产负债率要动态地看，有的国企资产负债率很高，但是如果国资委能注入一大笔资产，其资产负债率一下子就会降下来。这一优势民企几乎没有。

第二，国企财务紧张时政府可以协调。国企如果遭遇财务困难，政府会有动力去协调解决，典型代表是云南国资运营、川煤集团等。

结合国企财务不造假，以及上面这两个优势，我们可以更加深刻地理解为什么金融机构偏爱国企了。可以说，民企在融资市场和国企本来就不在同一起跑线上。这不是说民企不好，其实民企既是国家经济发展的未来，也是经济的驱动力。优秀的民企如华为、格力、福耀玻璃等，在资本市场叱咤风云，它们通过前期的努力建立了自己的"护城河"。

金融机构尤其是商业银行，本来就是以营利为目的，从事的是风险管理的工作，这不是靠政府出政策、喊口号就能改变的，这是市场理性行为的结果。或许我们需要好好想想，为什么民企融资难，为什么金融机构偏爱国企，为什么金融机构向民企资金融通的渠道阻塞了。想清楚了这些，才能真正解决民企融资难的问题。

当然，我们都希望民企能够发展好，打造自己的"护城河"。中小民企也是手握核心技术的，日本、德国就有大量这种小而精的企业，它们有自己坚固的"护城河"，这也保障了它们可以持续盈利。反观国内民企，仍有不少还在通过倒买倒卖、污染环境、政治寻租、粗放式发展等方式来获取经济利益，此路已经走到尽头。从这个角度来说，民企融资难也会反过来促进产业升级的驱动力。

二、好船与好船长

如果把行业赛道或者商业模式比作船，经营管理者比作船长，那么好船与好船长哪个更重要？这是个不太容易回答的问题。个人觉得，长期整体而言，船更重要，而船长在某些时刻、某个局部能发挥重要的作用。最优秀的船长驾驭一艘破船，也无法与平庸船长驾驭一艘快艇相提并论。

（一）好船

巴菲特说："人生就像滚雪球，重要的是发现湿湿的雪和长长的坡。如果你处在正确的雪地中，雪球自然会滚起来，我就是如此。"所谓长长的坡，是指公司所处的行业可持续性强，不受时间的限制，能够长久的存在，最典型的就是衣食住行等行业。巴菲特喜欢投资的喜诗糖果、可口可乐等，这些企业未来10年、20年以后还会存在。也许很多人都以为"长坡"是指企业有很大的发展空间，实际上这个发展空间，也指市场规模，它决定的是坡的宽度。从长远来看，坡的长度是企业雪球是否能滚起来的决定因素。"湿雪"是指企业能够规模化，具有高增长和源源不断的自由现金流，能够持续地赚到钱。比如巴菲特投资的安利和吉列剃须刀，都是能够规模化，并且自由现金流很充足的企业。总结来说，企业只有处在可持续性强的行业长坡上，并且自身商业模式好，能够规模化，赚到源源不断的自由现金流作为厚雪，财富雪球才能越滚越大。

好的商业模式就是能长期产生很多净现金流的模式。从短期来看，好的商业模式有可能没有太大获利，可是从长期来看，它一定是能够实实在在获得明显利润的。为什么这么判断呢，因为好的商业模式，一定会让企业的未来拥有很强的获利能力。这里说的未来，到底是什么范围呢？其实这个未来，指的是企业的整个生命周期。好的商业模式是不太容易被影响变化的。所以我们说，没有未来现金流的公司，不可能是伟大的公司。那么什么样的公司，能够产生大量的现金流呢？那就是拥有很强的盈利能力的公司。这里我们可以用ROE（净资产收益率）来评估公司的盈利能力，这个公式是：ROE= 净利率 × 总资产周转率 × 杠杆率。

这三个元素中，净利率是依靠产品来实现的，而周转率和杠杆率，则要依靠运营能力。净利率、周转率和杠杆率越高，企业获得的净现金流就越多。比如苹果公司，拥有高达 24% 的利润率，这种超高的利润率，使苹果公司的净现金流非常高；保险公司、地产公司等杠杆率比较高；而食品零售行业凭借极高的周转率，获得了比较高的净现金流。

判断商业模式好不好，要看这个模式是不是具有很宽的"护城河"。好的商业模式，都有很好的"护城河"，这样别人就很难抢走你的生意了。这就像打仗一样，如果你是一位将军，你觉得是能打仗的军队重要，还是好的战壕重要？其实投资的战场，也面临相同的问题。没有好的防护，再好的军队也不经打。可以说，"护城河"是商业模式的一部分。没有"护城河"的商业模式不是好的商业模式，但有"护城河"的商业模式未必就一定是好的商业模式。公司的"护城河"可能来自许多方面：首先是公司的品牌优势，也就是这家企业具有定价能力，如我们熟悉的茅台，其品牌的"护城河"就很深；其次是行业准入的因素，如电信行业、公共事业等，就具有一定的行业准入门槛，这也是一种"护城河"。

好公司的一些特征如下：

（1）专注主业。在主业做好的基础上，一方面适度加大研发投入，专研精深，一方面向产业链上下游扩展，且不盲目改换赛道。

（2）大股东不减持。如果控股股东、实控人都对自己的公司没信心，投资人则更没有理由相信公司的前景。

（3）利润扎实。不仅是营收、净利润单项指标表现良好，净利润和非净利润的高度重合说明利润来自实际经营而非"纸上买卖"，而净利润和经营性净现金流的重合说明赚到的钱是"真金白银"而非"纸上富贵"。

（4）差异化。我们都知道段永平开创的"小霸王"曾经是一代人的集体记忆。然而，当他谈到网络游戏这个话题的时候，他说网络游戏其实是一个有相当差异化的产品，虽然不玩的人看起来都差不多，但对在游戏里面的中坚玩家而言，社区和感觉的差异实际上是巨大的，不那么容易替换。能够持续创造出让用户喜欢的差异化产品的公司，往往就有了很好的商业模式。这时候,为了明白差异化,最简单的办法就是把自己当消费者,想象一下自己的体验,想清楚自己的消费习惯因为什么而改变等。

(二)好船长

著名的管理学大师吉姆·柯林斯在他的经典著作《基业长青》里面提到:领导者有两种,一种叫报时人,一种叫造钟人。这个概念也被很多知名的企业家和投资人接受。那么,这两种管理者的管理方式有什么不同呢?报时人,就是别人不知道时间,而他知道时间,他告诉别人这个时间该干什么事。那造钟人呢,就是他不扮演指路的明灯,而是造出一个时钟或者很多个钟,放在组织里,大家看着这个钟就知道现在几点,在这个时间该做什么事了。接下来让我们看看,这两种角色各有什么优势和劣势。

报时人的优势在于,他可以让员工依赖,可是他的风险也是来源于这个"依赖"。因为一旦企业对报时人产生过度依赖,那么如果这个报时人出了什么差池,比如没有及时感知时间,或者这个人突然消失了,那么这个组织就会陷于坍塌。而造钟人的优势在于,组织里的个体对于时间的感知完全靠他们自己,因为那个"钟"是客观存在的,也就是说即使造钟人不在了,大家也知道该干什么。因此,所谓的造钟,就是要教会员工做事情以及思考问题的方法,而不是直接给出答案。简单来说,一个造钟人,就像一个建筑师,他能够创造出一套优秀的企业制度和文化,营造出一个让每个人可以发挥创造力的环境,保证公司能够高效运转,这样的公司才能成为伟大的公司。

三、"利润之上"

本章开头讲的"公私有别"是从企业性质或产权角度来分析,这里从社会公利与企业私利的角度讨论。本质上,这是企业文化的问题,或者说"义利观"的问题。

"利润之上"的英文说法是"Above Profit",这是一个和"利润至上"相对的概念。利润之上,是指企业不仅仅要关注利润,更要把视野放到比利润更高的层级上去,只有这样企业才能有孕育"伟大"的土壤。

段永平说:有"利润之上"的追求,则更容易看到事物的本质,就会更容易坚持做对的事情,或者说更不容易做错的事情,追求"利润之上",就不会受到短期的诱惑而偏离大方向。

柯林斯在《基业长青》中也说:伟大企业的其中一项特质,就是"利润之上的追求"。为什么大家都这么看重"利润之上的追求"？因为伟大的企业应该是有原则的企业,不会单纯地显现出利润导向的特质。真正伟大的企业,是那些知道什么事情应该做、什么事情不该做,然后去追求更高的效率,并把事情做对的公司。事情做对的过程,是个学习的过程。谁都会犯错误,好公司也不例外。如果公司管理者是一个有"利润之上"追求的人,他就会找到很多的管理方法和灵感去经营公司,但如果不是,他则会从功利的角度去看待企业的发展和经营。

我们来举个现实中的例子,默克集团是德国百年药企。它的CEO曾经说过:"我们的业务成功意味着战胜疾病和协助人类。"正因如此,默克决定开发和捐赠一种药品给第三世界国家,帮助他们对付"河盲症",这种疾病的特征是大量的寄生虫在人体组织里游动,最后到达眼睛,造成令人痛苦的失明。默克虽知道这个计划绝对不会有很大的投资回报,却仍然推动这个计划,希望产品检验通过后,某些政府机构或第三方会购买这种药品,分发给病人。但默克没有这么幸运,于是他决定免费赠送药品给需要的人,且自行负担费用,直接参与分发的工作,以确保药品送到受这种疾病威胁的上百万人手中。

无独有偶,也是默克在"二战"后把链霉素引进日本,消灭了侵蚀日本社会的肺结核,但默克并没有因此赚到一分钱。不过现在默克是在日本最大的制药公司。默克CEO说："默克在日本的地位并非偶然，这种利益之上行为的长期影响并非总是很清楚，但是，我认为它多多少少会有回报的。"

第十章 贵出贱取忌高抛低吸

一、8元的黄酒远比1200元的茅台贵

某黄酒上市以来股价表现：1997.5.16—2019.11.6，股价 25~60.4 元（按后复权价计算），22 年涨幅 142%；

2011—2019 年利润表现：ROE 平均约 5%，净利润 1.32 亿~1.8 亿元，复合增长 3%，即期 PE40，G10%，PEG=4。

贵州茅台上市以来股价表现：2001.8.27—2019.11.6，股价 34.51~6297.49 元（按后复权价计算），18 年涨幅 18148%；

2011—2019 年利润表现：ROE 平均约 30%，净利润 87.6 亿~414 亿元，复合增长 19%，即期 PE37，G30%，PEG=1.23。

历史财务数据对比表明，某黄酒远比贵州茅台贵得多，这也是"高不等于贵"的典型案例。

二、估值是投资决策的灵魂

在漫长的投资道路上，投资者最期望的是遇到一家未来成长可能非常可观的公司，而股价又极度低估。买下来便搭乘"戴维斯双击"快车，然后稳稳地看账户净值的不断飙升。戴维斯双击，指企业盈利提升叠加市盈

率提升，导致企业市值的快速上升。这种情况一般被投资者戏称为"格价费司"——以本杰明·格雷厄姆的出价标准，买到一只会被菲利普·费雪中意的成长股。然而很不幸，由于资本的逐利天性，它昼夜无眠地在市场中搜罗着每一份可能被低估的资产，由此导致市场绝大多数时间都是有效的。你所中意的成长股，绝大多数时间会在基本合理的估值区间交易着。

所以我们说估值是投资决策的灵魂，是航船的锚，是股价波动里的定海神针。A股市场回到从前以炒概念为主导的所谓风格切换已经不可能了，A股市场已经在向成熟市场迈进。至于成长还是价值，两者之间不属于风格切换。有价值的公司，一定具有很好又很稳定的成长性，否则就没有大的价值可言。所谓转向成长之说，实际上，就是一部分人希望重炒概念。"炒股"二字应当退出历史舞台了。以围棋作比喻，低段选手应当把"炒"字删除，中段选手应当把"股"字也删掉，而投资企业才是高段选手的选择。评估一家企业应当去掉名称、行业，盲评才是真功夫，分行业给不同的估值是个伪命题。至于"市场先生"给什么价格是另一个因素。买股票就是买股份，就是与股票相对应的公司合伙、荣辱与共，所以需要进行深入的基本面分析，考察这个公司的过去、现在和未来。过去揭示确定性，未来预示成长性。价值投资，顾名思义有价值才投，价不值不投。与其不切实际地预测周期的变化、风格的切换，不如老老实实地做好基本面分析。估值好比是内功，而其他都是招式。A股短线看情绪，中线看逻辑，长线看事实。可以用一个函数来概括个股背后的核心价值归因，下图是本人自创的估值模型。

$$P = f(R, A, \alpha PBR, \beta PEG)$$

| 股价 | 货币政策
流动性
（宏观） | 技术进步
产业升级
（中观） | 企业真实盈利状况
估值
（微观） |

假定上述操作体系有参考意义，那么主要参考投资工具为A、PBR、

PEG。其中 ROE、PB、PE、G 是定量指标，α、β 是偏离度系数，A 是定性指标。

公式中的 PBR=PB/ROE^2/100，PEG=PE/G/100，总体来说，ROE、PB、PE、G 各有作用，应当结合使用，PBR 模型的具体运用还涉及分红率，限于篇幅这里不展开。另外由于 ROE 可以推导出其他三个指标，所以崇尚简单的巴菲特说：看一个企业是否优秀，如果用一个指标，就用 ROE。长期来看，年投资收益率就是 ROE。

三、耐性是关键

巴菲特说："因为我是经营者，所以我成为好的投资人；因为我是投资人，所以我成为好的经营者。"

如果你是好的投资人，你会有以下特点：

你对这句话的理解已经非常深刻，能从商业和企业角度去看投资，你开始重视企业家和企业家精神对价值创造的作用，这是你脱颖而出的第一步。

你已经对商业的运行系统足够了解，对商业模式的认知足够深刻。你不再片面地追求全面和及时的信息，相反，你已经有了选择关键信息和抓住核心要点的能力，并根据这些信息和要点作出较为准确的判断。在你的眼里，企业不再是一堆冰冷的数字，而是一个鲜活的生命体。从产业链系统到管理层，从财务数据到企业文化，你都能够一目了然。你能够从各种细节处体会到企业是强还是弱、有没有核心竞争力、资产配置能力如何、管理层是否德才兼备、员工幸福指数多少等。

你不再尝试用各种模型去为企业估值，更无须详细计算企业现金流。因为你知道，世界没人能算得准，模糊的正确远比精确的错误更重要。对一家企业的价值，你凭借自己对商业的理解，已经能够做出相对准确并具有较强前瞻性的预判，开始综合考量各种概率条件下的投资性价比，只有在市场定价错误时才肯出手。

你不再天天盯着股价，市场在大部分情况下都是对的，你对此深信不疑。超级耐心已成为你核心的品质，等待市场犯错，别人恐惧时你贪婪，别人贪婪时你恐惧，唯有如此，你才可能长期跑赢市场。你看待业绩的周期不再是按月、按年，而是看5年甚至10年。

你不再轻易地肯定或否定某个行业和公司，在你看来，性价比是你追求的重要目标。哪怕很烂的公司，如果足够便宜，也不是不可以配置。哪怕再优秀的公司，如果价格失去吸引力，也应坚决卖出。你不再过度重视短期的情况，而是从中长期看待各种投资机会，你不再愿意在一些玄妙的逻辑上浪费时间，确定性对你而言非常重要。

美国最大的共同基金公司先锋集团（The Vanguard Group）创始人约翰·博格讲过一个园丁强斯的故事，寓意深刻。

强斯是一位中年男子，一直在某个富裕人家的宅院中生活，为其修剪花园，他很少外出，照顾院内的花花草草就是他最重要的事情，也是他最大的乐趣。直到宅院的主人去世，他迈出宅院，出门走走。一次意外，他被一辆豪车撞倒，受了伤，车主格德纳是一位颇有实力的企业家，并且还是总统顾问，非常有责任感，车主把他带回家里治疗。当总统造访这位企业家时，恢复中的强斯也在旁边。当时经济不景气，美国诸多上市公司日子过得艰难，股票市场濒临崩盘，总统询问企业家的意见，一番商谈之后，总统出乎意料地向园丁强斯征求意见。

园丁强斯开始有点胆怯，之后他感觉自己的思维仿佛从湿润的泥土中破土而出，他不敢与总统对视，盯着地毯说："在花园里，草木生长顺应季节，有春夏，也有秋冬，然后又是春夏，四季循环，只要草木的根基未受损伤，它们将顺利生长。"他慢慢抬起眼睛，看到总统对他的回答似乎满意，实际上总统非常高兴。

总统说："格德纳先生，我必须承认，这是很长时间以来，我听到的最令人振奋而乐观的看法，我们中的很多人忘记了，自然界与人类社会是相通的，正如大自然一样，从长期来看，我们的经济体系保持着稳定和理性，这就是我们不必害怕自然规律的原因。我们坦然接受不可避免的季节更替，却为经济的周期变动而烦恼，我们是多么愚蠢啊！"

这则故事出自小说《妙人奇迹》，在 1979 年被拍成了电影《富贵逼人来》。其实它告诉了我们一个简单的道理：社会、市场都有周期，如果市场低迷，当前只是在周期低谷而已，从长期来看，只要企业的根基未损，社会未来将继续健康发展。

四、品质投资法

我比较认同由雷春明提出的品质投资这个思路，这里着重介绍一下。价值投资可以有很多种不同的方法，不同性格的人喜好不同，战术不同。但从总的战略上考虑，有两个大方向。一个大方向是以格雷厄姆、施洛斯等为主要代表的价值型投资法，也可以称烟蒂型投资法，它更注重当下资产和利润。当资产质量比较健康或者较容易清算套利时，利润也可以暂时放弃不看。这类投资方法的特征是强调定量、静态的绝对廉价、低估、中短期价值回归、大数概率和分散投资。另一个大方向是以费雪、巴菲特、芒格等为代表的成长型投资法，也可以称为品质投资法，它更注重标的基本品质和未来的成长性，比如商业模式、"护城河"、长期竞争力、行业前景、空间等，相对于当下资产，更注重未来利润的确定性、稳定性和可预测性。这类投资方法的特征是强调定性、优质、合理价格、长期内在价值成长、高赔率和集中投资。

如果说烟蒂型投资以定量为主，那么品质投资就是一种以定性为主、定量为辅、两者兼具的投资方法。我们应该如何考虑定性和定量在具体投资应用中的关系和作用呢？这里提出品质投资法的十二字原则：定性选、定量买、定性卖、定量换。

(一)定性选

定性和定量互为依托,互为基础,缺一不可,但定性却是品质投资中的第一道关卡。它决定了我们可投资标的的范围,即定性选股。这里有三个圈可以让我们实施这个步骤,即基准圈、品质圈和能力圈,这三个圈再取交集形成最后的可投资的标的池。具体来说,首先我们先提出一些基础的量化标准或者定性标准,可以通过一些工具,比如定量分析、头脑风暴的方法,初选出一些有兴趣的标的,形成一个较大的基准圈标的粗选范围。其次,我们再一一定性考量它们的品质,筛选出优质的标的,形成一个品质圈的精选范围。最后,我们再去掉不懂的、在能力圈以外的标的,形成最终的心仪公司的标的池。当然这三个圈可以自由独立组合,并不一定要按照这样的顺序。但因为一一考量品质的工作量较大,用这样的顺序可以极大减少我们的工作量。

(二)定量买

当然,不是标的池里面的公司被选进来我们就立马买入,我们需要等待一个时机,即等待一个合理甚至低估的价格。这时就要用到定量方法,首先,定量结合定性对标的池的每个标的进行估值,然后对比他目前的价格,当价格达到我们吸引力阈值以下才买入。估值的方法有很多,回归本源,用未来十年净利润总和贴现估值是个不错的方法,优秀企业的寿命通常以30年作为尺度,10年发展,10年成熟,10年衰退,因此取10年估值是"模糊的正确"。具体买入方法也很多,涉及买入多少,即仓位控制等,这里不展开讨论。

(三)定性卖

投资活动,有进入就有退出。但在品质投资中,倾向于买入持有策略(Buy and hold),即长期投资,甚至永远不卖,主要依靠自然被动退出的方法退出，即分红退出。但有两种情况可能会导致我们主动退出，其中最重要的一种情况就是标的品质变坏，通过定性分析发现核心竞争力已经衰败或消失，基本大逻辑已经不在，不再符合我们的品质要求，此时就要卖出。这就是定性卖，通过定期定性分析，剔除已经不在我们品质圈的标的。

（四）定量换

在第三个原则中，我们提到有两种退出情况，第二种退出情况就是虽然当前持有标的品质仍没有变化，但当我们发现有更具吸引力的标的，此时我们就可以进行更换。具体也有两种情形，一是确实有更好的标的，比如品质更高、价格更优，或者通过学习扩大了自己的能力圈，囊括了更心仪的标的，综合评比，我们可以换成更好的标的。另外一种情形就是，当前标的市场价格太高了，产生了巨大的泡沫，透支了未来很多年的利润，这时相比之下，觉得现金是更具吸引力的标的，此时我们就换为现金。在我们的投资体系中，现金永远是一个排名靠后的备选标的。这就是定量换，在心仪标的范围内，定期通过定量分析及性价比较，优中选优。

以上是在品质投资活动中，关于定性和定量的四条基本原则。但要强调的是，在任何一条原则中，都同时包含有定性和定量分析，只是侧重有所不同。不要一条腿走路，因为那样只能跳着走，很容易摔跟斗，所以只有两条腿走路才能走得又快又稳。

五、案例

案例1：【格力电器还是美的集团】

家电属于耐用消费品，行业发展到一定阶段会出现瓶颈期，家电业的竞争非常激烈，目前基本形成了格力、美的双寡头的局面。格力电器是中国制造业的旗帜，美的集团是中国家电销售排名第一的民营企业。

2018 年格力和美的相关数据对比

2018年	销售	净利	净利润率	ROE	现金	短期借款	长期借款	应付
格力	2000	262	13.1%	33.36%	1131	221	1	498
美的	2618	202	7.73%	25.66%	279	9	321	602

产品力：格力优于美的。

产品线的丰富性：美的优于格力，产品线丰富，自带稳定性。

出口占比：2019 年，美的出口占比达到 41.98%，而格力出口只占 10.51%。2020 年海外疫情在 3 月份开始爆发，第二季度达到高潮。在第二季度，国内疫情已经被控制住，格力业绩有望复苏，美的受到的冲击会更大。

经营能力：格力优于美的。

管理能力：美的优于格力。

盈利能力：格力优于美的。单从空调业务来看，格力和美的的毛利率都在稳步提高，这源于行业竞争格局的变化。格力的毛利率在 2012 年完成了对美的的反超，此后便一直略胜一筹。这也反映出格力在空调领域更强的品牌力，对成本控制得更好。美的 ROE 的波动更剧烈，说明受周期性的影响更大。每当行业陷入低谷时，行业老大总是最后一个倒下。格力在产销平衡上做得更好，降低了周期影响。格力对产销两端的管控，堪称制造企业的教科书。

公司管理、战略管理：美的优于格力，格力并购银隆被否。

股价稳定性：美的优于格力。

报表波动性：格力报表波动大（2019Q1.6%、2Q11.8%、3Q0.66%）；美的报表波动小（2019Q16.6%；2Q17.9%；3Q23.5%）。

财务报表形式质量：美的优于格力。

财务报表内涵质量：格力优于美的。

长年股息率：格力优于美的。

PE（TTM）：格力（13.8）优于美的（16.5）。

周期性：格力强于美的，格力空调占比太高，过于依附地产。

公司治理的稳定性：美的优于格力，美的依靠团队，格力依赖董明珠。

高管特性：美的方洪波有强烈的忧患意识；格力董明珠销售出身，表达能力超强。

董事长年龄：方洪波53岁（1967年），董明珠66岁（1954年）。

结论：当前比较，格力优于美的（格力混改有加分）。

案例2：【银行板块剖析】

中信一级行业风险收益状况（2010年末至2019Q3末）

	年度平均收益（%）	年度最大跌幅（%）	年度最大涨幅（%）	年度数据夏普比率	季度最大跌幅（%）	季度最大涨幅（%）	季度数据夏普比率
银行	15.19	-7.4	78.8	0.50	-15.3	61.7	0.32
家电	15.77	-30.3	51.8	0.39	-38.9	39.9	0.31
食品饮料	13.97	-18.6	68.6	0.33	-29.0	42.9	0.31
餐饮旅游	12.59	-27.4	123.6	0.21	-23.4	55.5	0.25
房地产	8.38	-25.0	80.1	0.18	-30.8	46.1	0.19
医药	7.66	-29.3	65.6	0.14	-26.9	38.6	0.19
汽车	4.15	-31.5	55.4	0.11	-29.1	36.9	0.14
电力及公用事业	3.76	-26.2	65.9	0.10	-34.0	32.7	0.13
非银行金融	8.47	-29.1	131.2	0.09	-38.2	17.1	0.17
通信	6.83	-33.1	116.1	0.09	-29.4	58.3	0.17

数据根据下表，并结合PE在5.5~10倍、PB在0.75~1倍、市值在1000亿~5000亿元这三项指标进行分析，可以看出36家上市银行中，去掉20家规模较小的，剩下16家中前三物美价贵，后九跑输大盘，中四相对物美价平。

股价					
项目	现价	较年初	涨幅	复权高点	比高点
平银	16.59	7.35	79.55%	17.6	-5.74%
宁波	28.1	12.28	77.62%	29.19	-3.73%
招行	37.54	13.28	54.74%	38.55	-2.62%
南京	8.77	2.7	44.48%	9.43	-7.00%
兴业	19.98	5.73	40.21%	20.3	-1.58%
浦发	12.42	2.97	31.43%	13.33	-6.83%
光大	4.43	0.89	25.14%	5.871	-24.53%
建行	7.25	1.19	19.64%	9.28	-21.88%

续表

股价					
项目	现价	较年初	涨幅	复权高点	比高点
中信	6.16	0.94	18.01%	9.58	−35.70%
工行	5.94	0.9	17.86%	6.4	−7.19%
民生	6.3	0.91	16.88%	7.96	−20.85%
农行	3.71	0.28	8.16%	3.98	−6.78%
中行	3.7	0.27	7.87%	4.32	−14.35%
北京	5.71	0.39	7.33%	8.39	−31.94%
华夏	7.64	0.42	5.82%	9.88	−22.67%
交行	5.63	0.14	2.55%	11.49	−51.00%
沪市	3004	511	20.49%	6124	−50.95%

结论 坚守愚钝乐观的投资之道

投资中，做到稳、准、狠很重要。稳是指找胜率高的标的，即选股；准是指把握好时机、节奏，即择时、择价；狠是指集中重仓，机会难得须重拳出击。本书前面谈的投资十大问题，可以各用一句话总结：

打猎与种田，价值投资＝股权投资。

不拿10年不出手，价值投资＝长期投资。

不敢重仓无意义，价值投资＝重仓投资。

不敢集中非高手，价值投资＝集中投资。

衣不如新，股不如旧，价值投资＝熟人投资。

稳定比变化好，胜率优于赔率，价值投资＝概率投资。

顺势而为，逆向而动，价值投资＝逆向投资。

大而不倒，强者恒强，价值投资＝龙头投资。

从利润至上到利润之上，价值投资＝保险投资。

高而不贵，物美价平，价值投资＝性价比/预期差投资。

本书第一章是战略决策，是"1"，第二至第十章是"0"。所有参与者的"择时"决定了市场，相对于市场，"择时"本质上是一个零和游戏。作为一个整体，如果加上摩擦成本，"择时"创造的收益大部分是负的。但是，大部分投资者都认为自己是少部分能通过"择时"创造正收益的投资者。第二、三、四章是战术组合。第五、六、七章是行业选择。行行出状元,比例大不同;男怕入错行,女怕嫁错郎。第八、九、十章是企业估值。便宜是硬道理,买得好才能卖得好。

优秀投资者的十大思维:

第一,本质思维。抽丝剥茧,追根溯源。深刻理解股票的本质是企业的股权,投资的本质是搭船,是让良资遇见优企。上市公司的半衰期大约是10年,从足够长的时间跨度来看,可投资的公司如走马灯般在切换。然而有一点是亘古不变的——未来现金流折现后的现值决定了资产的价值,不管是股票、债券还是房产莫不如是。当然评估现值对于股票投资者而言更为困难,因为价值中的三大要素:现金流、时间和风险,在股票投资中都是由预期决定,而相较之下,债券投资中的现金流和时间因素都是由合约事先规定好的。优秀的投资者关注并理解自由现金流的重要性及其可持续性。具体而言,需要综合考虑公司所处的行业生命周期,公司在整个行业竞争中所处的位置,行业的进入门槛和公司管理层配置公司资源的能力等。所以投资者都应非常清楚表面指标的局限性,如市盈率和市净率等。这些指标并不直接代表公司价值,而只是评估价值过程中需要用到的中继工具而已。

第二,专注思维。聚焦能力圈,有所不为。

第三,终局思维。总揽全局,延迟满足。

第四,概率思维。与0-1思维相反,寻求性价比。

第五,逆向思维。贵出如粪土,贱取如珠玉。

第六,网格思维。正反论证,非线性思维。心理学教授基恩·斯坦诺维奇喜欢将IQ和RQ区分开来看。IQ代表一个人的认知能力,而RQ是指一个人做决策的能力。教授认为,IQ和RQ之间其实并没有太多重合。巴菲特曾经对这两种能力做过精辟的解释,他将IQ比作发动机马力,将RQ比作输出功率,他说:"我认为IQ就像发动机的马力,实际输出功率取决于运用IQ的理性能力。许多人拥有400马力的发动机,但是仅有100马力的实际输出,这显然比不上拥有200马力但有200马力输出的发动机。"

心理学研究发现，多数人倾向于遵循经验法则来进行决策，因为经验性法则一般情况下是正确的，所以可以省下许多决策时间。但是经验法则决策法自身会造成偏离逻辑和概率的偏见。伟大投资者对于这些偏见的存在具有强烈的意识和深刻的理解，并有意采取各种措施来管理或减少这些偏见对于投资决策的影响。避开行为偏见的能力由三部分组成，一部分是天生的，一部分是后天的有意训练，最后一部分是从环境中习得的经验。伟大投资者对偏见的控制能力高于普罗大众，他们积极学习这些偏见，想方设法来管理它们，并在投资环境中不断磨炼。

第七，独立思维。不被市场情绪左右，采用内部计分卡。利不可独，谋不可众，独利则败，众谋则泄。所以真正的智谋、有用的思路都是独立深思熟虑出来的。鲁迅说：猛兽总是独行，牛羊才成群结队。大众需要拉帮结派才能增加安全感，能力越强的人反而越喜欢完美化，越喜欢独立思考，观点总是逆反于大众思维。众谋而一致性的思维，往往就是亏损的根源，这一点在市场中总能淋漓尽致地表现出来。

第八，钻研思维。潜心深研，博览群书，洞察细微。芒格说他最喜欢的是爱因斯坦的一句名言："成功来自好奇心、专注力、执着心和自省，而自省是指能够改变自己固有想法的能力。"阅读可以说凝聚了以上成功要素的精要。他还说道："在我认识的成功人士中，没有一个不是坚持阅读的人。"伟大投资者一般有三个主要的阅读习惯。首先是将阅读放在重要位置，巴菲特称自己每天80%的工作时间都在阅读。其次，阅读的内容包罗万象，不仅仅局限在商业和金融领域，而是让自己的好奇心来决定阅读内容。因为其他领域的想法或信息有时在不经意间就能变成很好的投资参考。最后，阅读时持有批判性思维，找出你与作者持有的不同观点。经常思考和对比与自己想法不同的观点，可以保持自己头脑的开放性。研究发现，成功人士的阅读目的更侧重自我教育，而非娱乐。阅读对于投资者而言尤为重要，因为投资需要综合多方面的信息和想法，才能不断找到盈利机会。

第九，长期思维。执着坚毅，高瞻远瞩。

第十，一贯思维。一以贯之，靠谱实在。

人有人品、人格，股也有股品、股格，投资的水平完全取决于人的格局。做人要有同理心，物同此理，人同此心；己所不欲，勿施于人。做事要有专注力，力出一孔，利出一孔。投资也是一样，必须有所为有所不为。股市值超过100亿的有1000家，超过300亿的减少到300家，超过2000亿的只有40家。专注于投资领袖股、超级巨星股，如阿里、腾讯、平安、格力、海康、福耀等民族品牌、世界级品牌。而像新城建设、康美药业之流，弄虚作假、主业不突出、玩概念追风口的企业一律不投。多付时间少付钱，买定离手长厮守。好股票只需聪明一次，玄之又玄的东西往往是风险之源。长期在垃圾堆里翻东西，会使口味越来越低级，近朱者赤，近墨者黑。投资行业是一个知识密集型行业，就像需要做长期研发投入的企业，因为慢、苦、累，愿意走这样路的人少，因此市场容易对这类人给予补偿。

买股票但不知道究竟买了什么，就如同手持火把穿过一个弹药库，你可能会活下来，但你仍然是个傻子。——乔尔·格林布拉特

投资很简单，就一种方法——价值投资。价值投资就是价值观的投资，你是什么人，决定了你赚什么钱。投资又很复杂，大到天文地理，小至鸡毛蒜皮，投资得做百晓生。价、值、投、资都不容易，包含了择价、择股、择时、择人（期限长短、预期高低、收益快慢、承受力大小）诸多方面。基本来说，投资=1+1，1万小时+1万页书。投资是科学的艺术，也是艺术的科学，做好以下几点非常重要。

（1）待股如友，守正用奇

选股好比是找真心的朋友，必须要选值得尊敬、能打动你的企业。选股要把铺摊子转向扎根子，从求广度转向求深度，聚焦能力圈。守正，即坚守价值投资的正道，待股如友，遵循商业的本质性价比原则，顺价值回归的大势而为，做时间的朋友。用奇，即活用逆向投资的独到方法，真理

常常掌握在少数人手里，逆羊群效应的方向而行，做投资的少数派。

正，棋类术语叫正着、本手，军事叫正兵。奇，出其不意，意料不到。棋类术语叫妙手，军事叫奇兵。"正"不仅体现在投资管理者的品格上，还体现在投资原则上。网络时代，人们可以接触到大量的投资信息，那些质朴而有力、历经时间考验的投资理念却往往被芜杂和浮躁所淹没，去芜存菁、化繁为简的"守正"在今天尤为重要。不受市场情绪左右严谨的投资原则，以及追求风险调整后的长期、可持续的投资回报，并避免频繁择时操作。恪守这样的投资准则可以使投资者在瞬息万变、充满机会和陷阱的资本市场中，克服恐惧和贪婪，抓住投资的本质，获得合理的回报。

以正合，以奇胜，重在逆向，发掘不受关注、极度低估的资产。股市复杂多变，挣的是角度和变化的钱，而不是纠正市场错误的钱，一定要避开市场的正确展开的过程。最好的风控是在买入之前，最一致的时候往往是最危险的时候，好走的路总布满地雷。超额收益往往来自偏见最深的地方，也是"用奇"策略施展的舞台。因为偏见，才会有便宜的资产；因为便宜，才会有"双击"的可能。逆向投资的机会源自市场的非理性行为，但要注意四点：一是安全边际，不用杠杆；二是远离反身性低价陷阱；三是精选低估、高质股；四是分期分批建仓。对于逆向投资，大师们这么说：

别人恐惧时我贪婪，别人贪婪时我恐惧。——沃伦·巴菲特

凡事盛极必衰，大好之后便是大坏。——乔治·索罗斯

倒过来想，一定要倒过来想。——查理·芒格

买别人不买的东西，在没人买的时候买。——卡尔·伊坎

牛市总在悲观中诞生，在怀疑中成长，在乐观中成熟，在兴奋中死亡。最悲观的时候正是买进的最佳时机，最乐观的时刻正是卖出的最佳时机。要做拍卖会上唯一的出价者。——约翰·邓普顿

"昨夜西风凋碧树，独上高楼，望尽天涯路。"

（2）百星之明，不如一月

书中自有黄金屋。芒格说："一本30美元的书有可能蕴藏着10亿美

元的价值。"好行业大于好管理层，或者说一艘好船比一个好船长更重要。能数到10的马是了不起的马，但不会是了不起的数学家。

七买七不买：买长不买短，买大不买小，买老不买新，买断不买争，买简不买繁，买轻不买重，买熟不买生。

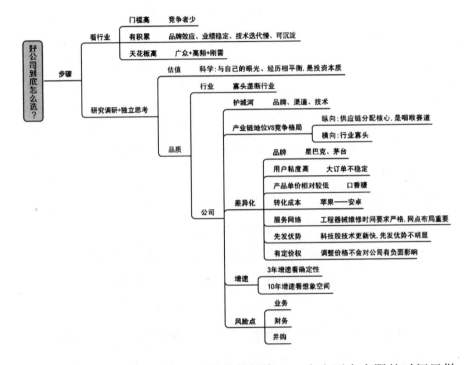

谨守能力圈，集中投资而不是分散投资。一个人要在有限的时间里做好自己最擅长的那一部分。具体来说，投资的本质就是寻找有性价比的标的，通过择股、择价、择时的方法，自上而下选行业，自下而上选个股。"三择"的关系好比人和、地利、天时的关系，个股优劣、价位高低、市场牛熊的权重可设为5：3：2，我称之为打铁还需自身硬、便宜才是硬道理、时势造英雄。多不如少，少得多惑。做行业的龙头，要么第一，要么唯一；数月亮不数星星；个股三千，专注三十；宁打一口井，不挖十个坑。选行业，辛苦不赚钱；选个股，从众难赚钱。要避免羊群效应，防范"邻居风险"，当邻居情绪高涨时，要减仓。选白龙马，不选丑小鸭（业绩、规模、持续）。研究创造价值，更多的研究是为了更少的决策，百维降到三维。

"衣带渐宽终不悔,为伊消得人憔悴。"

(3)桃李不言,下自成蹊

不预测宏观与"市场先生",只要好好做自己的事,成功自会找上门来。深入研究找出白龙马,择合理价位介入,然后安心等待价值的实现。动不如静,短不如长。A股不缺发现价值的眼睛,缺的是坚守价值的心。投资需要一些钝感,不要被短期的市场波动所左右。芒格说,持股如企,要等得起5年,不担心不可避免的事,做愚蠢的乐观主义者。投资本身是一件孤独的事,恐慌已反映在股价上,大家担心的我不担心,领导担心的不是我应该担心的。庙里的砖头始终是砖头,泥里的宝石依然是宝石。赚多少是运气,亏多少是水平。不争牛市领头羊,要做熊市不倒翁。不做短跑明星,要当长跑健将。一年一倍者众,三年一倍者寡。

耐心地持有股票,等待大势,表面上什么也不做,但不做的只是买卖这个操作,真正的事正在许多地方发生。我们所持有的股票,背后是数以万计的员工,正在从事生产经营活动,每天分分秒秒都在为我们工作,为我们产生利润。利润需要时间进行积累,我们需要耐心地等待这个公司的利润积累到质变的时候。需要耐心地等待市场从悲观到乐观的转变,也需要时间让人们忘记上一次的悲痛,忘记上一次的恐惧,等待市场心情平复,进而再开始下一次的乐观。

资本市场就是让钱从内心狂躁的人口袋里流向内心安静的人口袋里的一种游戏。我们交易的不是市场,而是一套交易规则和交易思想,只有信仰能为规则和思想提供行动的力量。投资是一门遗憾的艺术,要认可体系的缺陷、认可结果的不完美、认可投资命运的不可捉摸和偶然性。完整的投资理念需要从抽象到具体,把交易各个环节、要素系统地整合在一起,形成一个能够自圆其说的逻辑链条。这个链条中的每一个要素,有其优点的同时,必然也包含相应的弱点。但当它们组合在一起成为一个整体,形成一套系统时,其中某个要素的重要性已经降低,其缺点对系统总体的结果不会造成致命的威胁。

知道、相信、信任、信仰，良好的心态在完善的投资体系基础上才有可能形成。"知道"是知识接受的过程；"相信"是已经知道体系的优缺点，但在思想上还是有杂念，对体系的态度是实用主义的，不能一致性地做到知行合一；"信任"指除了某些特殊情况，基本能够做到知行合一；"信仰"指纯粹地只用自己的体系去观察理解市场，能够毫不动摇地据此行动，做到知行合一。

投资框架需要唯一性，放弃博采众长诸般精通的念头。有多重标准和没有明确的标准所看到的都是混乱的市场。比如，拥有两块以上手表并不能帮你更准确地判断时间，每个人都不能同时挑选两种不同的行为准则或者价值观念，否则将陷于混乱，失去对事物的判断能力。为学日益，为道日损，损之又损，以至于无为，无为而无不为。我们必须像虔诚的信徒一样信任自己的投资哲学、投资理念和投资方法，并为此自我节制、自我磨炼。

"众里寻他千百度，那人却在灯火阑珊处。"

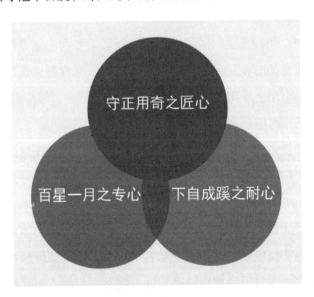

投资中，投资者常常以自己的盘感为交易根据，而不是以自己深入研究分析和判断并经过反复证明的定式去投资，这就是没有投资纪律。不守纪律有时也能获取暴利，而守纪律却常常失去机会，这种现象很有冲击力，

引诱很多人放松了安全警惕而投入到破坏纪律的队伍中去。但你必须明白：不守纪律可能会获利，但那只是暂时的，它无法复制，无法长久，守纪律获取的是长久的回报，切不可因小失大。投资者难以遵守纪律的最根本原因，是他并没有真正理解纪律的重要性，他总是被市场的短期波动所带来的因守纪律而受到的伤害，或者因不守纪律而获得的短期利益所蒙蔽。这种蒙蔽令很多投资者丧失自己，从而最终消失在市场的波涛里。做好投资一定要遵守纪律，这就如同没有纪律约束的部队是打不赢战争的道理一样。

新冠疫情冲击带来的股市下跌，是风险还是机会？仁者见仁智者见智。权益投资者如果不具有对市场短期调整带来净值波动的忍痛能力，恐怕应该选择当一名观众，不参与这个市场会更愉悦一些。"不能做短期舒服而长期错误的事，一定要做长期正确的事，即使短期痛苦。"这句富有哲理的话与朋友们共勉。如果在2018年第四季度，市场最绝望时，不能忍受短期痛苦逐步布局优秀的公司，如果在2015年市场最疯狂时，不能忍受短期持续新高逐步离场，将很难有好的收获。在二级市场做投资，有些短期的疼是必须忍受的。

投资不是比谁买卖勤奋，而是比谁在买卖之前更勤奋。A股市场4000多只股票，我们大部分时间都在勤奋地寻找新目标，一年250天的波动，我们每天都想选择时机。我们太勤奋了，勤奋到早就忘了股票是什么。买后同样很勤奋，争分夺秒地盯盘，关注任何风吹草动，止损止盈，调仓换股不亦乐乎。磨刀不误砍柴工，钝刀砍柴白费劲。比如练武，马步扎实，内力深厚，由内而外，固本培元，这些是关键。而招式千变万化，重在随机应变。

总的来说，应认识市场的有效性和局限性，利用无效的市场；理解、识别、控制风险，目标是在取得相同收益的时候，承受更低风险；关注宏观经济周期规律——钟摆理论，认为钟摆会长期停留在一个位置的人是错误的；坚持第二层次思维，透过市场表象看到事物本质，结合市场情绪反馈，进行综合判断。知黑守白，以守为攻，以柔克刚，久久为功，追求守正用奇之匠心、百星一月之专心、下自成蹊之耐心。重点行业龙头个股为主，指数为辅，选股如同奥运比赛，行业取前三，选龙头、盯第二、看第三，人多、大热、扶持的不投。投资者实际上是在优化资源配置，承担着一定的社会责任，让优秀的企业拿到低成本的资金，促进优胜劣汰，而不是玩抢口袋的零和游戏、助长炒作之风。

内在价值、安全边际、市场先生、能力圈是价值投资的四大要素。价值投资不刻意择时择势，着重择股，自下而上，不依赖牛熊、冷热，可以说任何国家、任何时候、任何点位都有可选的股。宏观很难预测和改变，只是在可选标的的多寡、难易、仓位、安全边际上产生影响。价格受短期炒作、大势牛熊、资金偏好、预期等众多因素影响。牛市有低估的票，熊市有高估的股。投资需要抓本质，抓大放小，并做到战略上高远，战术上精深。买股票就是买企业甚至办企业，谋定而后动，然后以静制动，坐如钟、行如风、站如松、卧如弓。投资也像种地，选种、播种、施肥浇水、抓虫打药等田间管理一样都不能少，静待生长期到了才会结出累累硕果。植物学上有一个专业名词叫"需寒量"，说的是一棵果树于花芽分化的过程中，在冬季必须经过一定天数的低温考验，第二年春天才能花繁叶茂，秋季才能果实累累。如果冬季需寒量不足，第二年秋季就收成不好。

投资是一门科学，也是一门艺术，还是一门哲学。做投资要善坚持、能前瞻、懂节奏，要有理想但不能理想化。投资对人的心理素质要求是比较高的，特别感性和特别理性的人都做不了。特别理性的人看的都是风险，特别感性的人看的都是机会，理性与感性需要有机结合。行业、企业、企业家，最终归结为产品，及产品的稀缺性。注意"五大不等式"：波动不等于风险、股价高不等于股价贵、高增长不等于高质量增长、有前途的行业不等于有钱途的行业、有利于消费者不等于有利于投资者。

投资者可以分为五个层次：学生、学士、硕士、博士、院士。五类投资者看待投资也分五个境界：交易/对手、生意/客户、股份/股东、企业/拥有者、国运/竞争力。各种境界的人数比例大致为70∶20∶10∶5∶1，对应的投资周期为日月、季年、5年、10年、30年。

经营如车,管理是司机,七分经营三分管理。投资如同开车,天气路况——宏观大盘,奔驰还是奔奔——行业,方向盘——价值投资还是价格投机,发动机——内在价值,油门——市场先生,刹车——安全边际,估值能力和预判能力是又快又好的关键。

投资要学会做加减乘除:

加——纵向研究、挖掘要做加法,精度、深度越高越好;

减——横向行业、个股、交易要做减法,宜少不宜多;

乘——集中力量做乘法,让盈利奔跑,不要拔掉鲜花浇灌野草;

除——单票、行业要做除法,排除相对分散或不熟悉的行业和无把握的标的。

"八个不投"的方向:1)强周期性行业不投;2)重资产行业不投;3)炒作概念股不投;4)强风口股不投;5)重组股不投;6)非行业龙头股不投;7)快速易变行业不投;8)非能力圈内不投。

"五类回避"的企业:1)身在曹营心在汉,不忠诚;2)占着茅房不拉屎,不进取;3)当一天和尚撞一天钟,不担当;4)得过且过,不尽力;5)商女不知亡国恨,不创新。

30年复利与复损对比

金额(万)时间	复利					贬值、无复利、亏损		
	25%	20%	15%	10%	3%	-5%	一年赚50%,第二年亏30%,类推	一年赚100%,第二年亏50%,类推
0年	100	100	100	100	100	100	100	100
1年	125	120	115	110	103	95	150	200
2年	156	144	132	121	106	90	105	100
3年	195	173	152	133	109	86	158	200
4年	244	207	175	146	113	81	110	100
5年	305	249	201	161	116	77	165	200
6年	381	299	231	177	119	74	116	100
7年	477	358	266	195	123	70	174	200
8年	596	430	306	214	127	66	122	100

续表

金额（万）\时间	复利 25%	复利 20%	复利 15%	复利 10%	复利 3%	贬值、无复利、亏损 -5%	一年赚50%，第二年亏30%，类推	一年赚100%，第二年亏50%，类推
9年	745	516	352	236	130	63	182	200
10年	931	619	405	259	134	60	128	100
11年	1164	743	465	285	138	57	191	200
12年	1455	892	535	314	143	54	134	100
13年	1819	1070	615	345	147	51	201	200
14年	2274	1284	708	380	151	49	141	100
15年	2842	1541	814	418	156	46	211	200
16年	3553	1849	936	459	160	44	148	100
17年	4441	2219	1076	505	165	42	222	200
18年	5551	2662	1238	556	170	40	155	100
19年	6939	3195	1423	612	175	38	233	200
20年	8674	3834	1637	673	181	36	163	100
25年	26470	9540	3292	1083	209	28	244	200
30年	80779	23736	6621	1745	243	21	171	100

投资的要义可以归结为：稀缺龙头是投资的核心，合理估值是投资的灵魂，长期持有是投资的归宿。投资最重要的是格局，比的是谁看得深、看得远。格局来自哲学观：做愚钝的乐观者。投资方向：金融、品牌消费、互联网科技、先进制造四大行业，重点寻找有行业/企业定价错误和增长预期差，即低PE+好成长的标的。选股如选树：树叶是价格；树干是利润、年报；树根是企业竞争力，包括商业模式、护城河、文化属性；树种是行业，土壤是股市，风雨雷电是消息、天时。核心仓位投资标的组合的数量我认为以3~9个为宜。

"先见船模式"：

（1）"三先"：先定性后定量，定性选行业，定量选个股，标的三个优缺点。先物美后价廉，物美价不贵，供不应求的0–1创设阶段，以小为美；供过于求的1–N升级阶段，以大为美。先胜率后赔率，股票不是彩票，买股票不买市场。

（2）"三见"：洞见——洞察力（显微镜）、远见——穿透力（望远镜）、定见——定力（太阳镜）。大格局洞见内在价值性价比，科学（数学）/定量/静态；攻布局远见安全边际预期差，艺术/定性/动态；守终局定见市场先生掀浪花，哲学/心理学/平衡。

（3）"三船"：好航船（稀缺行业）、好船长（顶尖企业家）、好船票（适当价格），集匠心、专心、耐心这"三心"，长期集中投资龙头行业中的行业龙头，与优秀企业共成长是唯一的长胜之道。具体来说：首选"蒙尘的珍珠"，次选"沾泥的宝石"，再选"落难的王子"。如果都找不到，则选"显赫的国王"，如茅台、平安、阿里、腾讯、伯克希尔等。原则上不超过 40 倍 PE，10 年 ROE 在 15% 以上，PB 在 10 以下，PEG 在 2 以下。只在 1% 的优秀企业中寻找物美价廉或物美价平并兼具实力、潜力、耐力的"三力组合"，也可称为 TRY 组合（TOP50+ROE15+YRS10）。选美三部曲：一是精挑细选"大长金"（好船），空间大、寿命长、成色金；二是上下左右比估值（好船票），设定买点，分批买入；三是高低起伏共成长（好船长），风雨兼程长持有。

我的"先见船"投资理论体系可以用下面这张图概括。

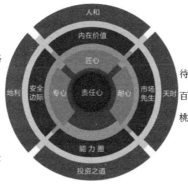

对于一个站在长江源头而眺望东海的人，他不会在乎长江途中变幻莫

测的方向，他只需知道长江最后会流向东海就行了，然后驾一叶扁舟顺流而下，即可到达壮阔的大海。

　　岁月流逝，常识弥新。重剑无锋，大巧不工。祝愿广大投资者走正道，投正股，得正果。

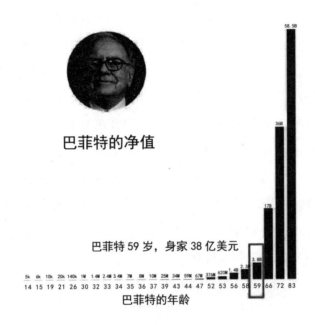

PART 2

第二部分

20世纪投资名人堂TOP10辑要

20世纪全球经济大发展，投资领域涌现出许多大师级的人物，我精心挑选了其中极具代表性的10位投资家，并以影响力和投资业绩作为主要标准进行了排序。本部分内容对每一位大师的投资理念做了简明扼要的介绍，以期为投资者快速高效地了解投资的精华提供帮助。当然，进一步深入研读每位大师的著作，对于全面理解和掌握大师们的核心思想以及当时的时代背景是十分重要的。本辑要旨在抛砖引玉，按以下次序逐一介绍。

一、市场价值寻边际：本杰明·格雷厄姆

二、DCF集中成长：菲利普·费雪

三、ROE中执牛耳：沃伦·巴菲特

四、PEG里千钟粟：彼得·林奇

五、选优择差反身性：乔治·索罗斯

六、指数先锋辟蹊径：约翰·博格尔

七、逆向投资遍全球：约翰·邓普顿

八、PE低处有黄金：约翰·内夫

九、PB洼地掘宝藏：麦克尔·普里斯

十、宁丢客户不丢钱：朱利安·罗伯逊

一、价值投资之父本杰明·格雷厄姆：市场价值寻边际

投资名人堂 NO.1——本杰明·格雷厄姆。他提出的关于内在价值、市场先生、安全边际的论述，投资界无出其右。0-1 是质变、根基，1-N 是量变、楼层。因为 $1/0=\infty$，所以格雷厄姆是永远的 NO.1。

格雷厄姆 1894 年 5 月 9 日出生于英国伦敦，堪称华尔街的一代传奇人物，被誉为"现代证券分析之父""华尔街教父"，价值投资理论奠基人，在投资界的地位相当于物理学界的爱因斯坦、生物学界的达尔文。作为一代宗师，他的投资哲学被"股神"巴菲特、"市盈率鼻祖"约翰·内夫、"指数基金教父"约翰·博格等大批顶级投资大师所推崇，如今活跃在华尔街的数十位资产规模上亿的投资管理人都自称为他的信徒。

很多学投资的人士也往往都是从格雷厄姆的书中开始寻找价值投资之道。如果你没有时间去深入研究格雷厄姆的投资学，那么本书精选了 50 条格雷厄姆的精彩投资语录，可以帮助你快速了解格雷厄姆的投资精华。

50 条精彩投资语录

1. 作为一个成功的投资者应遵循两个投资原则：一是严禁损失，二是不要忘记第一原则。

2. 内在价值是价值投资的前提。

3. 股市从短期来看是"投票机"，从长期来看则是"称重器"。

4. 市场短期爱"选美"，长期爱"测体重"。

5. 安全边际：以四毛的价格买价值一元的股票，保留有相当大的折扣，从而降低风险。

6. 牛市是普通投资者亏损的主要原因。

7. 保持安全边际与组合投资是好伴侣，因单只股票的安全边际保护可能失效。

8. 投资组合应该采取多元化原则。投资者通常应该建立一个广泛的投

资组合，把投资分布在各个行业的多家公司中，其中包括投资国债，从而减少风险。

9. 防守型投资人应分散投资但不要过度分散；应投资财务稳健、稳定发红利的大公司；出价不能高于公司 7 年平均盈利的 25 倍以内，也不能高于过去 1 年的 20 倍。

10. 投资组合最好不要有中小盘股，因为他们在牛市中总是被高估。进取型投资者只有在确信买得便宜时才能介入。

11. 长期（10~20 年）股票／基金定投是普通投资者投资组合的必要部分。

12. 定投产品比较理想的是指数基金，包括股指和债券组合。

13. 基金经理强于普通投资者，但不强于指数。

14. 管理投资组合如烹小鲜，一旦确定，不要轻动。

15. 战胜市场平均水平非常难，如果你还是想试一试，那么，第一，有一个内在合理的策略；第二，这个策略是市场上不流行的。战胜市场平均收益水平是有可能的，但很难，普通投资者没必要有此追求。

16. 买股票是买一宗生意的一部分；市场总是在过度兴奋和过度悲观间摇摆，智慧的投资者是从过度悲观的人那里买来，卖给过度兴奋的人；你自己的表现远比证券的表现本身更能影响投资收益。

17. 投资如经商，要遵守以下商业原则：像了解你的生意一样了解你的投资；切勿让别人帮你理财，除非你确信他的能力和品行；不要投风险和收益不对应的项目；如果确信投资所依据的数据和推理正确，不要管别人在干什么。

18. 投机不是不行，但致命的威胁是，做的是投机却自以为是投资。投机时就要像理智尚存的赌徒，只带 100 美元去赌场，把棺材本锁在家中保险箱里。

19. 带小孩的寡妇如果愿意投入时间和精力，可以做进取型投资者，但永远不要尝试靠投机去获得额外的收入。

20. 对股票价格要斤斤计较，要像去超市购物，不要像买化妆品；真正重大的损失总是在投资者忘了问"多少钱"之后；高增长不等同于高盈利。上涨的股票风险增加而不是减少，下跌的股票风险减少而不是增加。

21. 在大家恐惧时贪婪，在大家贪婪时恐惧。行不行？这个策略的问题是熊市无底，牛市无顶。

22. 如果追求在股市要涨之前买入，要跌之前卖出，会不可避免地滑入投机。投资是追求在股价低于公允价值时买入，在高于时卖出。搞对时间不如搞对价格。

23. 不管多么小心，你无法不犯错误，只能恪守安全边际，也就是说，不管股票多么吸引人也绝不高买，你才能控制住犯错的后果。

24. 一方面，安全边际取决于公司未来增长，但未来善变；另一方面，安全边际取决于当前股价的高低，这是确定的。把握你能把握的。

25. 成长股是有，暴涨的成长股也有，但平均而言普通投资者买入并享受到成长股带来暴利的机会，相当于树上长钞票。

26. 现在已然衰朽者，将来可能重放异彩；如今备受青睐者，未来可能日渐衰败。

27. 别看到星巴克生意好就去买星巴克的股票。买熟悉的好公司，这话只对了一半，另一半是还要价格合适。

28. 股价下跌本身不是风险，风险是你不得不在股价下跌的时候卖出，也可能是你投资的公司本身发生重大负面变化，又或者是你买价太高。

29. 要对新股发行保持警惕——买的没有卖的精：发行者选择最好的市场时机，由最精于推销的证券公司销售，这对普通投资者不是好信号。

30. 牛市结束的标志是小公司新股定价比更可靠的已上市的公司还高。

31. 在牛市时很难见到上市公司手持现金超过股价，但熊市时这种机会比想象的多，要抓住。

32. 市场总是会过度低估那些不热门的公司，正如会过度高估那些热门的公司一样。

33. 对进取型投资者来说，买入道指市盈率最低的几家大公司股是可取的策略。

34. 最理想的便宜货是业内领先的大公司，其价格低于历史均价，且其市盈率低于历史平均市盈率。这很难遇到。

35. 买那些股价接近净资产值的公司股票，这类公司还要有恰当的市盈率和强健的财务，这可使你免于对股价波动的担忧。这些公司的数量比想象要多，看看公用事业。

36. 如果公司内在价值并无变化，基本面并无变化，那么投资者应把自己看作一家有价值公司的部分拥有者。股价波动是"市场先生"与你作交易建议的报价，如果报价好，利用它；如果报价不好，不理它。让市价服务你，而不是主宰你。

37. 投机者的首要兴趣是预测并从市场波动中获利；投资者的首要兴趣是以合适的价格买入合适的资产。

38. 投资者不必等待熊市来临才低价买入，可能更好的办法是只要有资金就买那些合适的股票，除非市场价格已经高到无法用成熟估值方法来衡量。

39. 对于高增长型公司，无法估计其现有盈利的市盈率，也无法估计其未来盈利的市盈率。

40. 别把上市公司单年利润当回事，计算5年平均利润更有意义。

41. 选股七原则：规模够大；财务稳健；发放红利至少20年；近10年未有亏损；近10年盈利增加至少1/3；股价低于1.5倍净资产；股价低于近3年平均盈利15倍。

42. 选择押宝于自己对未来预测正确，或者选择保护自己免于因预测错误受损，建议你选后者。

43. 大众不可能靠准确预测股市方向挣钱。

44. 投资者如果十分愿意为公司未来盈利预付高价，那么当一切都如愿实现时，他没有盈利；一旦稍有不如预期，他会付出惨重代价。

45. 任何超过40倍PE的股票都是有风险的，无论它有多大的成长空间。

46. 一个成功的投资者不需要很高的智商或丰富的商业知识，他们所需要的是一个不感情用事的冷静头脑与用合理的价格购买优良的股票。

47. 如果总是做显而易见或大家都在做的事，你就赚不到钱。对于理性投资，精神态度比技巧更重要。

48. 由股市造成的错误迟早都会由股市自身来纠正，市场不可能对明显的错误长久视而不见。

49. 即便是聪明的投资者也可能需要坚强的意志才能置身于"羊群"之外。

50. 投资者与投机者最实际的区别在于他们对股市运动的态度上：投机者的兴趣主要在参与市场波动并从中谋取利润，投资者的兴趣主要在以适当的价格取得和持有适当的股票。

二、成长股投资之父菲利普·费雪：DCF集中成长

投资名人堂 NO.2，成长股投资之父——菲利普·费雪。巴菲特曾经说他的投资哲学85%来自格雷厄姆，15%来自费雪。据我观察，倒过来说也完全成立。格雷厄姆注重捡漏、价廉、分散、到价就卖；费雪强调挖宝、物美、集中、长持不卖。投资江湖中可以排在巴菲特之前的，除格雷厄姆之外，就只有费雪了。

菲利普·费雪（Philip A. Fisher，1907—2004），现代投资理论的开路先锋之一，成长股价值投资策略之父，教父级的投资大师，华尔街极受尊重和推崇的投资专家之一。

1907年费雪生于三藩市，父母均是各自家中众多儿女中排行最小的，父亲是名医生。他与祖母特别亲近，小时候费雪就知道股票市场的存在以及股价变动带来的机会。事缘于费雪上小学时，有一天他下课后去看望祖母，恰好一位伯父正与祖母谈论未来工商业的景气，以及股票可能受到的影响。费雪说："一个全新的世界展开在我眼前。"两人虽然只讨论了10分钟，但是费雪却听得津津有味。不久，费雪就开始买卖股票。1920年是美股狂热的年份，费雪亦赚到一点钱。然而他父亲对于其买卖股票的事情很不高兴，认为这只是赌博。

1928年费雪毕业于斯坦福大学商学院。同年5月三藩市国安益格国民银行到斯坦福大学商学研究所招聘一名主修投资的研究生，费雪争取到这个机会，受聘于该银行当一名证券统计员（后来的证券分析师），开始了他的投资生涯。

1929年美股仍然涨个不停，但费雪评估美国基本产业的前景时，见到许多产业出现供需问题，前景相当不稳。1929年8月，他向银行高级主管提交了一份《25年来最严重的大空头市场即将展开》的报告。这可以说是一个小伙子一生中最令人赞叹的股市预测，可惜费雪"看空做多"。他说："我免不了被股市的魅力所惑，于是我到处寻找一些还算便宜的股票，以

及值得投资的对象,因为它们还没涨到位。"他投入几千美元到三只股票中,这三只股票均是低市盈率股,一家是火车头公司,一家是广告看板公司,还有一家是出租汽车公司。美股终于崩溃!尽管费雪预测无线电股将暴跌,但是他持有的3只股票亦好不了多少,到1932年,他损失惨重。

1930年1月,费雪当上部门主管。不久,一家经纪公司高薪挖角费雪。这家经纪公司给予他相当大的自由,他可以自由选取股票进行分析,然后将报告分发给公司的营业员参考,以帮助他们推广业务。股市崩溃给金融行业带来的冲击是巨大的,费雪只工作8个月公司就倒闭了。费雪又干了一段时间的文书作业员,这是他唯一能找到的工作,但他觉得很没意思。之后他再也按捺不住,要开创自己的事业了。费雪所向往的事业是做投资顾问,管理客户的投资事务并向客户收取费用。

1931年3月1日,费雪终于开始了投资顾问的生涯,他创立费雪投资管理咨询公司。珍珠港事件之后太平洋战争爆发,美国被迫卷入第二次世界大战,费雪于1942—1946年服役3年半。他在陆军航空兵团当地勤官,处理各种商业相关工作。服役期间,费雪思考着如何壮大自己的事业。战前,费雪投资管理咨询公司服务大众,不管资金大小;战后,他打算只服务于一小群大户,这样一来可以集中精力选取高成长的股票向客户推荐。

不久,费雪的投资顾问事业重新开张。

1947年春,他向客户推荐道氏化工,这是他花了3个月时间调研的结果。

1954—1969年是费雪飞黄腾达的15年。他所投资的股票升幅远远超越指数。

1955年买入的德州仪器股票到1962年升了14倍,随后德州仪器暴跌80%,但随后几年又再度创出新高,比1962年的高点高出一倍以上,比1955年的价格高出30倍。

1960年代中后期,费雪开始投资摩托罗拉,持有21年,股价上升了19倍——21年内股价由1美元上升至20美元。不计算股利,折合每年平均增长 15.5%。

1961 和 1963 年，费雪受聘于斯坦福大学商学研究所教授高级投资课程。

1999 年，费雪接近 92 岁才退休。

2004 年 3 月，一代投资大师与世长辞，享年 96 岁。

投资理念

费雪的投资思想主要灌注在《怎样选择成长股》中，其中最核心的是"普通股和不普通的利润"这部分。虽然这本书写于 50 多年前，但现在读来仍然能给予我们很多指引，就像 300 多年前牛顿为物理学奠定基石，费雪的投资分析方法是现代股票投资分析的基石之一。

费雪是长期持有成长股投资理念的倡导者，偏重于研究企业的成长性。另外，费雪的重要贡献，就是提出研究分析企业不能仅停留在财务数字上，而应该从实际对企业的调研中观察企业的实际经营管理。他对巴菲特投资理念的形成具有重大意义，正是在投资喜诗糖果时接近 3 倍的净资产收购溢价，使巴菲特勇敢地跨出了格雷厄姆投资理念的框架。巴菲特曾说："当我读过《怎样选择成长股》后我找到费雪，这个人和他的理念给我留下深刻印象。通过对公司业务深入了解，使用费雪的技巧，可以作出聪明的投资决策。"

作为长期投资大师，费雪在 1928—1999 年超过 71 年的投资生涯中，获得了巨大的成功。1958 年首次出版的《怎样选择成长股》是投资者必读的经典著作。

（一）投资最重要的原则

费雪通过长期研究自己和他人的投资记录后认为，投资想赚大钱，必须要有耐性。

（二）投资赚钱的逻辑

费雪认为，买股票的最终目的是利润。因此，投资者应该回顾一下美国的股票市场史，看看人们累积财富的方法。他指出：有一种人，即便在早年找到真正杰出的公司，抱牢它们的股票，度过市场的波动起伏，不为所动，也远比低买高卖的做法赚得多。因此，大部分投资人终其一生，依靠有限的几只股票，长时间的持有，就为自己或子女奠定成为巨富的基础。这些机会不见得必须在大恐慌底部的某一天买股票。这些公司股价年复一年都能让人赚到很高的利润，投资者需要的能力，是能区分辨别提供绝佳投资机会的少数公司。

（三）股票长期投资收益优于债券

（四）"幸运且能干"和"能干所以幸运"

费雪认为，分析一家成长型企业，不应拿某一年的经营业绩进行评价，因为即使最出色的成长型公司，也不能期望每年的营业额都高于前一年，因此最好以多年为单位判断公司营业额有无成长。而这些优秀的成长企业有两个特征："幸运且能干"和"能干所以幸运"。两者都要求管理层很能干。个人理解，后者类型的企业更令人心仪，即处在不利的行业竞争发展格局之中，仍能保持出色的竞争优势，并转化为超越行业的业绩增长。

（五）利润率和边际公司

费雪认为，利润率是分析公司的好指标，而边际公司就是利润率低下的公司。投资者不应该只考虑经济景气下的利润率，因为经济向好时，边际公司利润率的成长幅度远高于成本较低的公司，后者的利润率虽然也在提升，但幅度并不会太大。因此，年景好时，体质疲弱的公司盈余成长率往往高于同行中体质强健者，但也必须记住，一旦年景不好，边际公司的盈余也会急剧下降。

费雪的这些观点在现代看来，似乎不足以反映真实现状。例如，零售业的利润率（净利润率）是非常低的，但很多优秀的零售企业却往往是绝佳的投资对象。利润率虽低于对手，但却保持强大竞争力的企业，能够通过薄利多销或提供优质低价的产品争取消费者。

（六）管理层是否报喜不报忧

（七）选择大公司还是成长型小企业

费雪认为，相对于大公司，规模较小的公司股价更容易上涨。因为市值规模小，盈余的增长会更快地反映到股价当中，因此10年内可以上涨数十倍。但费雪提醒投资者：投资这样的小型成长股，技巧娴熟的人都难免偶尔犯错。而要是投资这样的普通股犯错，丢出去的每一块钱可能就消失了。因此，投资者应该选择历史悠久、根基较稳固的成长型股票。

而年轻高风险公司由于自身不断发展成熟，可能进步到机构投资者开始购买的地步，投资者此时可以投资这样的公司。这种公司未来增值的潜力不似以往那么大了，但仍能取得较好的回报。

（八）买进成长股的时机

费雪并不主张投资者一定要在市场崩溃后寻找买入时机，他认为在1929年股市崩溃后的2年内有勇气买入并持有几只股票的投资者收益率固然可观，但在50年代以合理的价格买入成长股的投资者也获得了惊人的回报。

他坚决反对投资者去预测所谓经济景气的高点和低点，以作为买入或卖出的根据。他辛辣地讽刺说，如果投资者有耐心查询下每年在商业周刊上刊登的经济学家对未来的预测就会发现，他们成功的概率极低。经济学家们花费在经济预测上的时间如果拿去思考如何提升生产力，可能对人类的贡献更大。

费雪主张投资者应选择在非常能干的管理层领导下的公司，他们偶尔也会遭遇始料不及的问题，之后才能否极泰来。投资者应该知晓这些问题都是暂时的，不会永远存在。如果这些问题引发股价重挫，但有望在几个月内解决问题，而不是拖上好几年，那么此时买入股票可能相当安全。

（九）卖出以及何时卖出

费雪认为，卖出的三个理由之一，就是当初买进行为犯下错误，某特定公司的实际状况显著不如原先设想的那么美好。在某种程度上，要看投资者能否坦诚面对自己。另外，就是当成长股成长潜力消耗殆尽，股票与持有原则严重脱节时，就应该卖出。最后一个理由就是有前景更加远大的成长股可以选择。

费雪提醒投资者，不应该因为手上的股票涨幅过大就卖出股票。因为，"涨幅过大""估值过高"，都是非常模糊的概念。没有证据表明多高的估值或者涨幅才是最高。

他进而推论出这个观点：如果当初买进普通股时，事情做得很正确，则卖出时机是——几乎永远不会到来。

（十）投资者的"五不原则"

原则一：不买处于创业阶段的公司。

原则二：不要因为一只好股票在"店头市场"交易就弃之不顾。

原则三：不要因为你喜欢某公司年报的"格调"就去买该公司股票。

原则四：不要以为一家公司的市盈率高，便表示未来的盈余成长已大致反映在价格上。

原则五：不要锱铢必较。投资者不必为了中意股票的些许价格差异而错过了投资时机。

（十一）投资者的"另五不原则"

原则一：不要过度强调分散投资。

原则二：不要担心在战争阴影笼罩下买进股票。

原则三：不要忘了你的吉尔伯特和沙利文。

这两人是讽刺喜剧作家，费雪是指不要被股票过去的数据记录所影响，特别是注意不要以为买入那些过往股价没有上涨的股票就是安全的方法。影响股价的主要因素是未来而不是过去。

原则四：买进真正优秀的成长股时，除考虑价格外，不要忘了时机因素。

原则五：不要随波逐流。

（十二）费雪谈耐心和自律精神

费雪认为，知道投资的准则和了解常犯的错误，并不能帮助那些没有耐心和自律精神的人。他说："我认识一位能力非常强的投资专家，他几年前告诉我，在股票市场，强健的神经系统比聪明的头脑还重要。"

莎士比亚可能无意中总结了投资成功的历程："凡人经历狂风巨浪才有财富。"

（十三）寻找具有"竞争壁垒"的企业

具有竞争壁垒的公司能以低于业界水平的价格供给（或服务）广大普通客户，广大客户信赖公司和公司产品服务，他们更换公司产品的代价更高，意愿更低。低成本和高效率运作保证了公司长时间能维持略高出业界水平的利润率。

（十四）市盈率的主观性与投资的机会选择

费雪认为，有三种情况，第一种是市场不看好该公司，因此市盈率较低。

投资者应该谨慎审视，寻找公司前景与市场看法错位的投资机会，他认为这也许是绝佳的投资机会。第二种是市场暂时比较看好该公司，而该公司前景的确很美好，那么投资者应该继续持有高估的股票，容忍后面短暂的大幅下挫。第三种是市场非常看好该公司，而公司前景却与市场普遍看法相左，投资者应该极度警惕这样的情况。

费雪的另一层含义是，如果市场非常不看好该公司，而投资者有确切证据和研究分析指出该公司未来基本面情况比市场悲观的观点更好，那此时就是绝佳的投资成长股的机会。实际上，格雷厄姆口中的"安全边际"只能在此时得到充分的验证：市场普遍看好时，难以寻找到所谓的"安全边际"。

（十五）费雪谈"锚定定理"

费雪描述了类似今天所谓的"锚定定理"，他认为，市场总是容易将一个长时期维持的股价看作是那只股票的"真实价值"，并且根深蒂固，习以为常。一旦跌破或者突破该价位，市场各类投资人就会蜂拥而出。而这样的力量，是投资领域最危险也是最微妙的，连最老练的投资者都必须时时防范。

（十六）投资哲学的起源和形成

费雪认为，没有一种投资哲学能在一天或一年发展完全，除非抄袭别人的方法。其中，一部分可能来自所谓合乎逻辑的推理，一部分来自观察别人的成败。但大部分来自比较痛苦的方法：从自己的错误中学习。其中，当费雪第一次进入华尔街的时候，几乎就犯下了巨大的错误。他在1929年经不起诱惑，买入了一些他认为较为合理的股票。尽管1929年6月费雪就曾经发表过预测市场将在6个月内面临巨大下跌风险的警示报告。

这也充分说明投资知易行难的道理，即说着容易，但实践起来要难一百倍，口头或笔头的投资大师很多。

（十七）费雪谈逆向投资

费雪认为，只有反向意见还不够，背离一般投资思想潮流时，你必须非常肯定你是对的。有时候背离潮流投资者也会输得很惨，但如果有强烈迹象，显示自己转对方向时，往往能获得巨大的利润。

（十八）费雪谈耐心和绩效

费雪指出，买进某样东西时，不要以1个月或1年期作为评估成果，必须容许有3年时间。但每一个原则也都有例外的时候，这就是说投资者既要坚守某些原则，但又不能失去其灵活性，需要对自己真诚坦然。

（十九）费雪谈长期持有

费雪认为，只要认定公司未来仍能成长，并值得投资，那么就不应该在多头获利的市场卖出股票。他说："我宁可抱牢这些股票不放，因为增值潜力雄厚的公司很难找，如能了解和运用良好的基本原则，相信真正出色的公司和平凡的公司一定会有差异，而且准确度可能高达90%。"

（二十）费雪的八大核心投资哲学

（1）买进的公司，应该是那种有竞争壁垒（特许经营权）的公司。

（2）集中全力买进那些失宠的公司。

（3）抱牢股票，直到公司性质发生根本变化，或者公司成长到不再能够高于整体经济。

（4）投资者对股利不应持有太高的兴趣，那些发放股利比例最高的公司中，难以找到理想的投资对象。

（5）投资者犯错是不可避免的成本。

（6）合理价格集中投资少数几家真正出色的公司。

（7）对持有的股票要进行卓越的管理，不盲从金融圈的主流意见。

（8）投资和其他工作一样，想要成功，必须努力进取、勤奋不懈、诚实正直。

最后，费雪认为投资也难免需要些运气，但长期而言，好运和坏运会相互抵消。想要持续成功，必须依靠技能和运用良好的原则。他相信，未来属于那些能够自律且肯付出心血的人。

《福布斯》对费雪的采访

费雪一生异常低调，几乎从不接受访问。1987年，他以79岁的高龄破例接受了《福布斯》的采访，总结了他一生的投资思想。

每10年只有4只核心股票

问：你好像不喜欢买太多的股票？

答：我有4只核心的股票，这些是我真正想要的，它们代表了我的投资组合。另外，我还会用少量的钱去买一些有潜力进入核心股票池的股票，通常是5只。目前，我不太确定，如果要我现在买，我会只买其中的2只股票，而放弃其他3只。

每个10年我都会这样做，从30年代的2只股票开始，我一共发现过14只核心股票，这是一个很小的数目。但是，这么多年里它们为我赚了很多钱，其中最少的都有7倍的投资回报，最多的收益甚至能达到几千倍。

我还买过50~60只其他股票，它们都让我赚了钱。当然，我也亏过钱，有两次投资缩水过50%，还有很多次损失10%的经历，这其实就是做投资生意的成本。

然而，大多数的情况是，一只股票温和地下跌后，我会买入更多，最后它还是带来了巨大的回报。但是，这些例子和那14只赚大钱的股票相比，实在是没有什么好说的。我持有它们的周期都很长，最短的都有8~9年，最长的有30年。我不喜欢把时间浪费到赚许多次小钱上面，我需要的是巨大的回报，为此我愿意等待。

问：那什么样的股票才是你说的核心股票呢？

答：它们应该都是低成本的生产商；在行业中应该是世界级的领导者，或者是完全符合我的其他标准；它们现在应该拥有有前途的新产品，而且有超越平均的管理水平。

买你真正了解的公司

问：你似乎非常强调公司的管理，是吗？

答：认识一家公司的管理有点儿像婚姻，你要真正了解一个女孩，就必须和她生活到一起。在某种程度上，你要真正了解一家公司的管理，也须要和它生活在一起。

寻找那些你喜欢的公司，那些能够给你带来帮助，能解决你和你客户之间问题的公司。我的兴趣主要是在制造业的公司，因为它们总能通过运用自然科学的发现来拓展市场。

其他领域，比如零售和金融，它们都是极好的机会，但是我并不擅长。我觉得，很多人投资的缺陷就在于他们希望什么交易都涉及，但是一个都不精通。

问：你现在会寻找其他股票吗？

答：我会花很多时间来研究，并不急于买入。在一个连续下跌的市场环境中，我不希望过快地买入那些我不熟悉的股票。

不买市场偏好的股票

问：除公司有好的管理之外，你还会参考其他什么因素？

答：当我与客户强烈地争论某项投资时，比如他们不情愿地说"好吧，既然你这样说了，那我们就做吧"，这时的投资应该是恰到好处。

如果我说"让我们买1万股吧"，而他们说"为什么不买5万股呢"，这种时候其实是在告诉你已经买迟了。

我也不会买市场偏好的股票。假如我去参加某只科技股的会议，会场里面挤满了人，只有站着的地方，那么通常这是个很明显的信号：现在不是买入这只股票的时候。

问：听起来，你像是一个逆向投资者？

答：真正的成功不是要做一个 100% 的逆向投资者。当城市中的人们看到新式汽车将淘汰老式街车的时候，有人会想既然没人愿意买老式街车的股票，那我就买它们吧，这显然是荒唐的。（逆向不是根本，优质低估才是根本）能分辨出大多数人接受的行为方式中的谬误，正是投资获得巨大成功的要诀之一。

长期投资者才能"大赢"

问：作为投资者，你在职业生涯中学到的最重要的一课是什么？

答：你紧张兮兮地想着今天买入，明天就卖出，这是最糟糕的情况，这是一种"小赢"的策略倾向。如果你是真正的长期投资者，那么你的收益实际上会大得多。

我曾经的一个早期客户说"没有人会因为收获盈利而破产"，这句话是对的，但同时也非常不现实。你收获盈利的确不会破产，可是这里面有个前提，就是你做的每件事都能盈利，而在投资这门生意里，这是不可能的，因为你迟早会犯错。

有意思的是，我看到很多人自认为他们是长期投资者，但是却依然在他们最喜欢的股票上，做着买进卖出的游戏而浑然不觉。

找到真正好的公司

问：巴菲特曾经说他的投资哲学 85% 来自格雷厄姆，15% 来自菲利普·费雪。格雷厄姆和你之间的区别是什么？

答：投资有两种基本的方法。一种就是格雷厄姆所倡导的，它的本质是找到极其便宜的股票，这种方法基本上可以避免遭遇大跌。他会用财务安全来保证这一点，也许会出现下跌，但是不会深跌，而且迟早价值会使其价格回归。

我的方法则是找到真正的好公司——价格不太贵，而且它的未来会有非常大的成长。这种方法的优点是我的大部分股票在相对短一些时间内就会有所表现。尽管有的可能需要几年的时间才会启动，但是错误在所难免。如果一只股票真的很不寻常，它在短时间内也会有可能大幅上涨。

格雷厄姆曾经讲过,他的方法的劣势是这个方法实在太好了,以至于人人知晓,他们都会用该方法挑选股票。我不想说我的方法就是投资成功的唯一法则,但是我想,"成长投资"这个词在我开始投资事业之前还没人知道呢。

三、股神沃伦·巴菲特：ROE中执牛耳

投资名人堂 NO.3——股神沃伦·巴菲特。巴菲特家喻户晓，无须介绍了。如果把价值投资比作一个大家庭，那么格雷厄姆、费雪两位祖师爷之外，巴菲特是毫无争议的大师兄，常年位列世界富豪榜前三甲，投资业绩无人可比。自1957年开始的63封年度股东信，堪称投资界的实战圣经。更难能可贵的是，他将巨额财富裸捐，为富且仁，恰如中国古代财神范蠡。

巴菲特的价值远远不限于投资，他用一生去践行一件事，是个纯粹到极致的样本。巴菲特以ROE为核心指标的投资智慧，可以视为一种"通识"智慧。即使你不是投资爱好者，也能从中发现无价之宝，以下是关于他的90条投资智慧精选。

1. 我们欢迎市场下跌，因为它使我们能以新的、令人感到恐慌的便宜价格拣到更多的股票。

2. 从现在直到将来，黄金对你什么用也没有，只不过你看着它、它看着你罢了，就像是一只不会下蛋的母鸡。

3. 相比其他行业，消费行业盈利更稳定，现金流也更充沛，这些特点造就了消费行业长期可持续的利润增长。

4. 首先创新者来了，随后模仿者来了，最后"傻子"也来了。

5. 通过定期投资指数基金，一个什么都不懂的业余投资者，往往能够战胜大部分专业投资者。

6. 贝索斯："你的投资体系这么简单，为什么你是全世界第二富有的人，别人不做和你一样的事情？"巴菲特："因为没人愿意慢慢地变富。"

7. 一个人今天之所以可以在树荫下乘凉，是因为他很久之前种下了这棵树。

8. 当一个有钱的人遇到一个有经验的人，有经验的人最终会获得金钱，

而有钱的人会带着经验离开。

9. 股票预测专家唯一的价值，就是让算命先生看起来还不错。

10. 告诉你我为什么喜欢烟草业？制造只用 1 美分，卖出去可以卖 1 美元。抽烟的人会上瘾，而且有非常强的品牌忠诚度。

11. 只有那些近期会成为股票卖家的人，才会乐于看到股票价格上涨；而那些潜在购买者，应该更喜欢不断下跌的价格。这就像打算终生吃汉堡又不养牛的人，总是希望牛肉价格更低一样。

12. 你买到底部后，股价就会一路买一路涨，这样你就买不到最多的量。

13. 若你不打算持有某只股票达 10 年，则 10 分钟也不要持有。

14. 抄底是不可能。实际上，价格是一种游戏，逢低买入的时候，不要过分考虑价格因素。

15. 为了得到对自己不重要的东西，甘愿拿对自己重要的东西去冒险，哪能这么干？我不管成功的概率是 100 比 1，还是 1000 比 1，我都不做这样的事。假设你递给我一把枪，里面有 1000 个弹仓或 100 万个弹仓，其中只有 1 个弹仓里有 1 颗子弹，你说："把枪对准你的太阳穴，扣一下扳机，你要多少钱？"我不干。你给我多少钱，我都不干。

16. 你财富自由之后想做什么工作，现在就应该做什么工作，这样的工作才是理想的工作。做这样的工作，你会很开心，能学到东西，能充满激情。每天会从床上跳起来，一天不工作都不行。

17. 人们总说通过错误学习，我觉得最好是尽量从别人的错误里学习。

18. 要是我重新活一次，我只想做一件事，选能活到 120 岁的基因。

19. 我不喜欢很容易的生意，生意很容易，会招来竞争对手。我喜欢有护城河的生意。我希望拥有一座价值连城的城堡，守护城堡的公爵德才兼备。

20. 别人让你往前冲，你就往前冲；别人让你赶快跑，你就赶快跑……券商会特别愿意和你做朋友。

21. 我宁要模糊的正确，也不要精确的错误。

22. 在一家困顿的企业中，一个问题还没解决，另一个又冒了出来——厨房里绝对不会只有一只蟑螂。

23. 我们不希望与那些缺乏值得尊重的品格的管理者为伍，无论他们的企业的前景有多么吸引人，我们从没有与一个坏人成功地做一单好生意。

24. 我们不会想要有那种99比1的赔率，永远都不会。在我们看来，一次痛苦和耻辱的小机会不能用一次超额回报的大机会来抵消。

25. 如果你能力强，知道自己在做什么，你就不需要分散投资。

26. 大部分投资者，包括机构投资者和个人投资者，早晚会发现，最好的投资股票的方法是购买管理费很低的指数基金。

27. 如果你打了半小时牌，仍然不知道谁是菜鸟，那么你就是。

28. 投资主要是在于避免作出愚蠢的决定，而不是在于作出几个非凡的英明决策。

29. 让一个百万富翁破产最快的方法就是——告诉他小道消息。

30. 投资经营和奥运赛场不同，奥运会跳水项目会因为你选择高难度而给你加分，而经营企业，不会因为有人认为你选择了更加曲折的道路而给你加分。

31. 复利有点像从山上往下滚雪球。开始时雪球很小，但是往下滚的时间足够长，而且雪球黏得适当紧，最后雪球会很大很大。

32. 安全边际：架设桥梁时，你坚持承载重量为3万磅，但你只准许1万磅的卡车穿梭其间。相同的原则也适用于投资领域。

33. 我从不打算在买入股票的次日就赚钱，我买入股票时，总是会先假设明天交易所就会关门，5年之后才又重新打开，恢复交易。

34. 我们之所以成功，不是去尝试跳过 7 尺的栅栏，而是寻找一些可以轻松跨过的 1 尺栏杆。

35. 不要投资一门蠢人都可以做的生意，因为终有一日蠢人都会这样做。

36. 裹着神秘面纱的投资技巧，显然对投资建议的提供者更有利。毕竟，庸医仅凭建议你"吃两片阿司匹林"就攫取了多少名声和财富。

37. 永远不要问理发师你是否需要理发。

38. 如果我们有坚定的长期投资期望，那么短期的价格波动对我们来说就毫无意义，除非它们能够让我们有机会以更便宜的价格增加股份。

39. 几乎在任何领域，专业人员取得的成就明显地高于门外汉。但在金钱的管理上往往并非如此。

40. 恐惧和贪婪这两种传染性极强的灾难的偶然爆发，会永远在投资界出现。我们只是要在别人贪婪时恐惧，在别人恐惧时贪婪。

41. 当人们忘记"2+2=4"这种最基本的常识时，就该是脱手离场的时候了。

42. 就算美联储主席格林斯潘偷偷告诉我他未来两年的货币政策，我也不会改变我的任何一个作为。

43. 假设自己手中只有一张可打 20 个洞的投资决策卡。每做一次投资，就在卡片上打一个洞。相对的，能作投资决定的次数也就减少一次。假如投资人真受到这样的限制，他们就会耐心地等待绝佳的投资机会出现，而不会轻率地作决定。

44. 股市已经在一片看好声中，你将付出很高的价格进场。

45. 当天上下金子的时候，应该用大桶去接，而不是用小小的指环。

46. 风险来自公司本身的生意是否好做，风险来自你是否真清楚自己做的投资。只要你看懂了公司的生意，看准了公司的管理层，就没太大风险。

47. 就算有足够的内部消息和 100 万美元，你也可能在一年内破产。

48. 现在你要找一个你不喜欢的工作，你不觉得，这就好像把你的性生活省下来，到晚年的时候再用吗？

49. 稳定的价格水平如童贞，看来是能保持，却不能修复。

50. 牛市就像性爱，当你感到高潮快到时，也就是快结束的时候。

51. 我们看到一个大胖子，不知道他到底 270 斤还是 290 斤，没关系，反正绝对是个大胖子。我们要找的好生意就像一眼就能看出来的大胖子。

52. 尽管我们希望花 4 毛钱买 1 元钱的东西，但是真碰上好生意，我们愿意出接近 1 元钱的价格买下来。

53. 你们只有一个身体、一个头脑。要善待自己的身体和头脑，仿佛它们是自己一生唯一的一辆车。

54. 做投资，如果你的智商有 150，完全可以拿出 30 卖给别人。做投资不需要天才的智商，需要的是稳定的情绪、平静的心态、独立思考的能力，因为你在投资中要面对各种各样的刺激。

55. 一个投资机会，需要用电脑或计算器才能计算出来，这样的机会不该买，应该归到"太难"的一类。好的投资机会是显而易见的，它应该大声喊你买，你根本用不着拿 Excel 算来算去。

56. 欧元的缺陷在于将太多不同国家捆在一起。你不可能与无所事事、老是烂醉的小舅子组建一个合伙企业。

57. 如果你告诉我，天天吃西兰花能多活一年，我也不会选这个，我还是会选吃我喜欢的东西，活我自己舒坦的岁数，我觉得，开心才是活得久的最重要因素。

58. 如果要找合适的经理人，则有三个条件：头脑聪明、精力充沛、诚实正直。要是不符合最后一个条件，这样的人最好也别符合前两个条件。一个不诚实的人，还是让他又蠢又懒比较好。

59. 拥有钱的数量到了一定程度，可以过上不一样的生活。但是在这个程度之上，再有 10 倍、20 倍的钱，都是用不着的。

60. 别以为赚 10 倍或 20 倍的钱能解决生活中的所有问题，这样的想法很容易把你带到沟里去。

61. 我们从来不想已经过去的事。我们觉得未来有那么多值得期待的，何必对过去耿耿于怀。不纠结过去的事，纠结也没用。人生只能向前看。

62. 在资金量一般的情况下，如果对自己要投资的公司确实了解，选六个就很多了。换成是我的话，我可能就选三个我最看好的。

63. 投资成功的秘诀有三条：第一，保住本金；第二，保住本金；第三，牢记第一条、第二条。

64. 那些最好的买卖，刚开始的时候，从数字上看，几乎都会告诉你不要买。

65. 市场就像上帝一样，帮助那些自己帮助自己的人，但与上帝不一样的地方是，他不会原谅那些不知道自己在做什么的人。所以不懂的东西不要碰。

66. 对于大多数投资者而言，重要的不是他到底知道什么，而是他们是否真正明白自己到底不知道什么。

67. 如果市场总是有效的，我只会成为一个在大街上手拎马口铁罐的流浪汉。其实市场确实在很多时候是很有效的，但市场一定会有胡来的时候。

68. 你是在市场中与许多蠢人打交道，这就像一个巨大的赌场，除你之外每一个人都在狂吞豪饮。如果你一直喝百事可乐，你可能会中奖。

69. 知道自己能力圈有多大比能力圈有多大重要得多。或者说，即使能力圈很大的人，在能力圈外也是会很惨的。

70. 只有在潮水退去时，你才会知道谁一直在裸泳。

71. 习惯的链条在重到断裂之前，总是轻到难以察觉。

72. 一只能数到10的马是只了不起的马，却不是了不起的数学家。同样，一家能够合理运用资金的纺织公司是一家了不起的纺织公司，但却不是什么了不起的企业。

73. 人们习惯把每天短线进出股市的投机客称为投资人，就好像大家把不断发生一夜情的爱情骗子当成浪漫情人一样。

74. 利率对于股市投资来说，如同地心引力一样。

75. 短期股市的预测是毒药，应该要把它们摆在最安全的地方，远离儿童以及那些在股市中的行为像小孩般幼稚的投资人。

76. 不能承受股价下跌50%的人就不应该炒股。

77. 如果发现自己在洞中，最重要的事就是不要再挖下去。

78. 在马拉松比赛中，你想跑到第一的前提是，必须跑完全程。

79. 股市里的很多人如同池塘里的鸭子，由于暴雨的缘故水面上升，鸭子随之上浮。但此时鸭子认为是靠自己浮起来的，而不是池塘里的水位。

80. 一生能够积累多少财富，不取决于你能够赚多少钱，而取决于你如何投资理财。钱找人胜过人找钱，要懂得让钱为你工作，而不是你为钱工作。

81. 目前的金融课程可能只会帮助你做出平庸之事。很会投资的人有谁愿意去教投资呢。

82. 风险来自你不知道你在做什么。

83. 每天阅读500页纸，智慧就会累计起来。

84. 伴侣是人生最大的投资。在选择伴侣上，如果你错了，将让你损失很多，不仅仅是金钱方面。

85. 一个公开的民意测验无法代替思考。

86. 我在历史中学到的唯一东西就是：大众从未从历史中吸取教训。

87. 我相信，坦诚的公司的管理层会使投资人受益。那些在公开场所误导别人的 CEO 最终会在私下里误导自己。

88. 如果你在小事上无原则，那么大事上一样没有原则。

89. 人生就像滚雪球，重要的是发现湿湿的雪和长长的坡。如果你处在正确的雪地中，雪球自然会滚起来，我就是如此。

90. 你们到了我这个年纪时就会发现，衡量自己成功的标准就是有多少人在真正关心你、爱你。

四、股圣彼得·林奇：PEG里千钟粟

投资名人堂NO.4——股圣彼得·林奇。如果说巴菲特投资风格像费雪，那么林奇的投资风格神似格雷厄姆。彼得·林奇的投资业绩骄人，1977—1990年，管理百亿美元基金，13年复合增长率29.2%，堪称首席基金经理。

名言：不要拔掉鲜花浇灌野草。

在林奇出任麦哲伦基金的基金经理人的13年间，麦哲伦基金管理的资产由2000万美元成长至140亿美元，基金投资人超过100万人，成为富达的旗舰基金，基金的年平均复利报酬率达29.2%。

林奇在哈佛商学院纽约俱乐部1990年年度聚会晚宴上的演讲，可以说是他迄今最全面、最珍贵的投资理念，下面的这篇摘要就选自林奇在宴会上发表的精心准备的演讲："活动的组织者告诉我什么都可以谈，我只知道一件事——股票。因此我很快便作出决定，我应该谈谈股票。我将尽力回顾少数几个要点，这些要点对我而言关系重大，并且我认为它们对试图在股市中赚钱的人也有重要的作用。"

规则1：了解你所持有的股票

这听起来很简单，但是我们知道，能做到这一点的人少之又少。你应该能够在2分钟或者更短的时间内，向一个12岁的孩子解释你购买一只股票的原因。如果你无法做到这一点，那么你不应该买入。

我可以告诉你一只简单的常见股票——这种类型的股票大多数人都会购买。它是一家相对平凡的公司，生产的产品也很简单。该产品具有1M内存的CMOS、双极RSC浮动点数I/O接口的处理器、16位双通道内存、UNIX操作系统、Whetstone每秒百万浮点运算的有机硅放射器、高带宽以及15微秒的运算能力等。

如果你持有这种垃圾股票，你永远都不可能赚钱——永远不会。了解你持有的股票是非常重要的，你投资的企业应该很简单。给我带来优良回报的是我能理解的简单公司，如唐恩甜甜圈、Laquinta汽车旅馆等。能够

带来不错回报的就是这些公司。

规则 2：做经济预测徒劳无益

预测经济完全是徒劳无益的，不要试图预测利率。艾伦·格林斯潘是美联储的头儿，但他也无法预测利率。他可以加息或降息，但是他无法告诉你 12 个月或者 2 年后利率将是多少。你无法预测股市。

你可能不相信人们在预测 1 年之后将发生的事情上面浪费了多少时间。能提前知道 1 年后的事情当然很棒，但是你永远无法知道。因此不要白费心机了，这没有任何好处。

规则 3：不要担心股市

你必须寻找麦当劳和沃尔玛这种类型的公司，不要担心股市。看看雅芳，在过去 15 年里，雅芳的股票从 160 美元跌到 35 美元。15 年前它是一家伟大的公司，但是现在，所有的雅芳小姐全都不得其所。她们敲门销售，可是家庭主妇要么外出上班，要么和她们的孩子在外面玩。她们销售的东西都可以在超市或者药店买到。雅芳的盈利基础土崩瓦解，这家公司只伟大了约 20 年。

今天股市的收盘价是 2700 点。就算今天的收盘价是 9700 点，雅芳仍然是一家悲惨的公司，股价从 160 美元跌至 35 美元。因此在过去 15 年里不管股市表现怎么样，你在雅芳公司上的投资都很惨淡。

同样是在这一时期，麦当劳的表现非常好。它们进入了海外市场，推出了早餐和外带，它们做得很好。在这一时期，它们的绩效经历了魔幻般的上升，盈利增长至原来的 12 倍，股价上涨到原来的 12 倍。如果道琼斯今天的收盘价是 700 点而不是 2700 点，你在麦当劳上面的投资仍然能取得良好的回报。它的股价可能是 20 美元，而不是 30 美元，但是你仍然能获得 8 倍或 9 倍的盈利。

关注个股，忘掉全局。

规则 4：不要急躁

你有充足的时间。不要有这样的想法：你一想到某个概念就必须马上把它付诸实施。其实你有足够多的时间让你对公司进行充分的研究。给我带来丰厚回报的股票都是我在关注它们第二年、第三年或者第四年、第五年后才买入。在股市赔钱会赔得很快，但是赚钱却赚得很慢。赚钱和赔钱之间应该存在某种平衡，但是实际上没有。

我想和你们谈谈沃尔玛这家公司，该公司于1970年上市。当时它们有38家店，一个漂亮的历史经营记录和一个坚实的资产负债表。在经过分拆——当然，沃尔玛的股票受欢迎永远不是因为分拆这个原因——调整后，它的售价是8美分/股。你可能会告诉自己，如果我不在下个月买进沃尔玛的股票，我将错过一生中最好的投资机会。

5年后，沃尔玛有125家店，利润增长至5年前的7倍。股价上涨至5年前的5倍，达到41美分/股。

截至1980年12月，沃尔玛有275家店，利润再次上涨至5年前的5倍，现在是1.89美元/股。

1985年12月，它有859家店，这并没有把山姆会员店计算在内。在这5年期间，利润上涨至原来的6倍，股价现在是15.94美元。因此你可以告诉你自己，天啊，这只股票从8美分上涨到15.94美元，我买入得太迟了。太疯狂了，我不应该再买入这些笨重的巨型公司。不，你此时买入还不晚，一点都不晚，因为今天沃尔玛的收盘价是50美元。你有充足的时间买入。

1980年，沃尔玛已经上市10年了。它的销售收入超过了10亿美元，资产负债表好得不得了，经营记录良好。真正让人惊讶的就是这些——投资沃尔玛可能并不会给你带来巨额的盈利，但是如果你在1980年买入沃尔玛，持有至今你仍然能够赚25倍，在这一时期，这种回报率将把麦哲伦基金打得落花流水。顺便说一下，在此期间我并没有持有沃尔玛的股票，当时我觉得它的股价过高。

下一个话题是股票市场常见的10个最危险的说法。

危险的说法 1：既然股价已经下跌了这么多，它还能再跌多少呢

差不多在我刚开始为富达工作的时候，我很喜欢凯泽工业这只股票。当时凯泽的股价从 25 美元跌至 13 美元。那时我就使用了"危险的说法 1"这条规则。我们买入了美国证券交易历史上规模最大的单一一宗交易。我们要么买入 1250 万股，要么就买入了 1450 万股，买入价是 11.125 美元，比市场价格低 1.5 美元。我说："我们在这只股票上面做的投资多好啊！它已经下跌至 13 美元。从 25 美元跌到这个水平，不可能跌得更低了。"

当凯泽的股价跌至 9 美元的时候，我告诉我母亲："赶紧买，既然股价已经下跌了这么多，它不可能跌至更低。"幸运的是，我母亲没有听从我的建议，因为股价在接下来 3 个月跌至 4 美元。

凯泽公司没有负债，持有凯泽钢铁 50% 的股份、凯泽铝业 40% 的股份、凯泽水泥、凯泽机械以及凯泽广播 30% 的股份——该公司共计有 19 家子公司。在那个时点，由于股价跌至 4 美元，1 亿美元可以把整个公司买下来。

回想那时，一架波音 747 飞机的售价是 2400 万美元。如今，我想这么多钱你连波音 747 的一个厕所都买不了，或许可以买一个引擎。不过那时凯泽工业公司的市值可以买下 4 架波音 747 飞机。该公司没有负债，我不担心它会破产，但是我买入得太早了，我们不能买入更多股份，因为我们已经达到了上限。

最终在 4 年之后，他们清算了他们持有的所有头寸，结果这只股票成为一个极好的投资。最后每股的价值是 35 美元或 40 美元。但是，仅仅因为一只股票的价格已经下跌很多而买入，并不是一个好的投资思路。

危险的说法 2：股价还能上涨多少

危险的说法 2 和危险的说法 1 刚好相反，这和沃尔玛的故事很像，"既然股价已经上涨了这么多，它怎么可能还会涨得更高？"

我举一个公司的例子，你可能认为它不是成长型公司。1950 年，菲利普莫利斯公司的股价是 75 美分。11 年后的 1961 年，股价涨到 2.5 美元，上涨了 3 倍。你可能会说，对一个处于衰退行业的公司，该公司的产品很糟糕并且没有前景，这么大的涨幅已经够多了，它还能涨到多高呢？因此你可能会在 1961 年把它卖掉。

11 年后的 1972 年，该公司的股价上升至 28 美元。从你在 1961 年赚了 3 倍卖出之后又上涨了 11 倍。1972 年你可能会对自己说，既然股价已经上涨了这么高，它还能涨到多高呢？然后你在股价上涨了 11 倍之后卖出，之后它在上涨了 3 倍之后又上涨了 5 倍，你错过了赚更多利润的机会。

因此我要说的是，不要卷入对股票表现的技术分析。股票评论员会使用所有这些术语、形容词和开场白。如果一只股票的价格上涨，他们不断地添加新的称谓。他们会说股价过于膨胀，然后是太高了，与内在价值严重不符，或者股价超级膨胀。他们掌握了所有描绘股票被过高定价的术语。

如果你喜欢这家公司，这不应该对你造成干扰。你应该对自己说，我喜欢这只售价 30 美元的股票。不过你永远无法摆脱股票评论员的评论，但是你又不得不摆脱这些评论。因为你是正确的，你应该说："我喜欢这只售价 30 美元的股票，这些评论员是错误的。"

不过，当这只股票的价格涨到 50 美元的时候，评论员的话可能会浮现在你的脑海里。你可能会说："等等，在股价为 30 美元的时候，这些人就很确定股价被高估了。现在股价已经涨到 50 了，他们肯定是对的。"

因此你真的需要将这些评论屏蔽起来免遭受它们的影响。我曾经在斯巴鲁上涨至原来的 20 倍之后买入。我很幸运，因为买入之后赚了 7 倍。我也买入过股价从 20 美元跌至 12 美元的股票，我买入过很多这种类型的股票。现在，你不能以 5 美元买入一盒 HersheyBar 巧克力了，因为它们 5 分钱一块。

因此，股票的历史表现和未来表现无关，公司的绩效才与未来表现有关。

危险的说法 3：我能赔多少？股价只有 3 美元

现在我们来做个数学题，回到我们基本的数学知识。如果你买入两只股票，一只股价是 60 美元，另外一只是 6 美元，你在这两只股票上面各投入 1 万美元，如果它们的股价全都跌至零，你赔的钱完全一样，这很明显。结果就是这样，但人们就是不相信这一点，你们回家之后自己算一算就知道了。"

危险的说法 4：最终，跌去的全都将反弹回来

以 RCA 公司为例，它曾经是一家非常成功的企业。RCA 的股价反弹回 1929 年的价位用了 55 年，可以看出当时它过高定价的程度有多高。所以抱牢一只股票并认为它终将反弹到某个价位的想法完全行不通。记住 JohnsManville 公司、移动房屋公司、双排钮针织服装公司、Winchester 光盘驱动公司，它们的股价跌下去之后就永远没有反弹回去。不要等待这些公司的股价反弹。

危险的说法 5：情况糟糕得不能再糟糕了，我应该买入

举一个石油钻井的例子，1981 年美国有 4520 台在岸石油钻井。1984 年这一数量减少了一半，减至 2200 台。这时，许多人闯入该行业。人们说是时候买入石油服务行业了，因为钻井数量减少了一半。2 年后，钻井数量减少了 70%，只有 686 台。现在，该数量仍然在 1000 台以下。因此仅仅因为某家公司的状况很糟糕而买入是不明智的。

纺织公司和成衣展览公司的人不一样，后者是一个相对乐观的群体。如果你问它们展览的效果如何，它们的答案永远是"很好""精彩绝伦""太棒了""每个人都很喜欢"等这类字眼，它们永远是欢快的，和软件公司的人很像。但是纺织行业的人比较平静，它们经历过衰退和艰难的市场行情。纺织行业有一句绝妙的谚语：否极泰不来。

危险的说法 6：当股价反弹到 10 美元的时候，我就卖出

一旦你说这句话，股价永远不会反弹到 10 美元——永远不会。

这种情况发生了多少次？你挑选了一个价格，然后说，"我不喜欢这只股票，当股价回到 10 美元的时候，我就卖出。"这种态度将让你饱受折磨。股价可能会回到 9.625 美元，你等一辈子可能都等不到它回到 10 美

元。如果你不喜欢一家公司，不管你当时的买入价是 40 美元还是 4 美元，如果公司成功的因素不在了，如果公司基本面变弱，那么你应该忘记股票以前的价格走势。

希望和祈祷股价上涨没有任何用处。我曾经试着这么做过，没用。股票可不知道是你在持有它。

危险的说法 7：永远不卖长岛照明公司

ConEd 的股价在 18 个月之内下跌了 80%，然后上涨至原来的 6 倍。印第安纳州公共服务公司、湾州市政公司以及长岛照明公司这三家公司每一家都下跌过 75%，然后又出现了大幅上涨。德州一些质地良好的银行，我说的这些银行权益对资产的比率都在 8% 到 9%——股价下跌了 100%。公司是动态的，它们的发展是由一些力量推动的，你必须清楚这些力量是什么。

人生的一个悲剧是有时候人们会继承股票。他们继承了一只股票，不知道这只股票是什么，但是他们的母亲告诉他们，"不管你做什么，永远不要出售长岛照明公司的股票。"该公司有一个小型工厂叫 Shoreham，这座工厂的建设已经逾期七八年了，并且预算超支了 50 亿到 70 亿美元，人们不想要它。

危险的说法 8：因为没有买入而赔的钱

如果你不持有某只上涨的股票，赶快查你的银行账户，你没有损失一分钱。如果你看到家庭销售网络的股价从 6 美元涨至 60 美元，并且你不持有该公司的股票，你并没有赔钱。只有当你持有股票并且股价从 60 美元跌至 6 美元的时候，你才会赔钱。

为踏空感到烦恼的人多得难以置信，根据我的想象，如果股市一天之内上涨了 50 点，有人可能会说"我刚刚损失了 280 亿美元"。

所以，记住：如果你没有买入某只股票，然而股价后来涨了上去，你实际上并没有赔钱。你赔钱的唯一方式就是持有了某只股票，然后股价下跌。这种情况我经历了很多次。有一个很基本的事实是，如果你在一只股票上面投入1000美元，除非你去做保证金交易，不然你的全部损失最多是1000美元。

危险的说法9：这是下一个伟大的公司

不管什么时候，当你听到"这是下一个……"的时候，赶紧试着中断你的思维，不要听后面的话，因为后面的话将永远是激动人心的。下一个伟大的公司永远都没有成功过，下一个玩具反斗城没有成功，下一个家德宝没有成功，下一个施乐没有成功，下一个麦当劳也没有成功。

任何时候你听到"下一个……"的时候，不要理它就是了。

危险的说法10：股价上涨了，我的看法肯定是对的

有的人说"股价上涨了，所以我的看法肯定是对的"，或者"股价下跌了，我的看法肯定是错的"。这些话永远让我觉得惊奇，有人对我说："我不久前刚以10美元的价格买了一只股票，现在它涨到14美元，你应该买这只股票。"他这话是什么意思？他以10美元买进的，现在股价涨到了14美元，我为什么应该买呢，就因为股价从10美元涨到了14美元吗？显然，人们觉得股价上涨的事实意味着他们是对的。

股价上涨，并不意味着他们可以指点别人，这什么都意味不了。我曾经买入一只股票，股价从10美元涨到14美元，然后又跌到3美分，我没有开玩笑。我也买入过从10美元跌到6美元，后来涨到60美元的股票。

还有10条忠告。

忠告1：远景型公司不能给你带来回报

避免远景型公司。每一次你听到有人向你推荐股票，他们推荐的股票让人如此兴奋，以至于他们在电话上和你交谈的声音很轻柔。我不知道这是因为他们担心隔壁的邻居听见，还是因为担心SEC的监听。

不管怎样，他们轻声细语地说"我给你推荐的这家公司非常好、好得不可思议，或者这是一家实力强大的公司"等。但是他们漏掉了一些东西。对这些股票有一个非常技术性的术语NNTE，即短期无利润（no near-term earnings）。这些公司没有盈利没有历史记录它们有的仅仅是一个很好的想法而已，实际上，这个想法可能行得通，可是经常行不通。

记住，如果股票从 2 美元涨到 300 美元，你在 8 美元买入同样可以获得很高的回报，甚至在 12 美元进入也可以。当别人向你推荐这类远景型公司时，你可以在 1 年之后跟进，把它们写在纸上，然后放到抽屉里面。1 年之后再拿出来看看，或者 3 年之后再拿出来看看。考察这些公司 3 年之后的基本面如何，再作投资决定。

我曾经买入过 25 家远景型公司。我跟踪了它们 5 年，没有任何一家公司取得突破，没有任何一家公司成功。

忠告 2：不要把成长和赚钱混为一谈

避免高增长、容易进入的行业。高增长行业是一个可怕的领域，因为每个人都想进入这个行业。有多少人听说过 Crown CorkSeal 公司？这是一家了不起的公司，它们制造罐头以及罐头和瓶子的瓶塞。

这家公司的股价涨到起初的 50 倍，它们永远保持着技术上的领先，它们是行业的领头羊。它们没有把公司的名称改为像 Crocosco 这样的首字母组合词。

罐头是一个无增长的行业，山姆·沃顿所处的零售业也是一个无增长的行业。这很好，你要找的就是一个无增长行业中的成长型公司，因为没人想进入这个行业，但是 Winchester 光盘驱动公司的情况就不一样了，每个人都想进入它所在的行业。

20 世纪 50 年代的地毯行业好得让人吃惊。电脑行业增长最快的时代也是 20 世纪 50 年代。那时，地毯行业的增长率比电脑还快。

在 20 世纪 30 年代和 40 年代，地毡的售价好像是 20 美元或者 25 美元一码，所有有钱人家里铺的都是地毡。

后来有人发明了一个特殊的制作流程。地毯和地毡的价格降至 2 美元一码。地毯遍及各个地方，如机场、学校、办公室、公寓、住房等。人们先铺一层胶合板，然后在上面铺上地毯。

现在，地毯已经过时了，人们又开始铺木地板，人们的口味就是这么反复。在 20 世纪 50 年代，地毯行业经历了波澜壮阔的增长。不幸的是，地毯生产商从 20 世纪 50 年代开始的 4 家增加到后期的 195 家，但没有一家公司赚到钱。由于行业的增长，它们全都赔了钱。因此不要把行业增长和赚钱混为一谈。实际上，增长通常导致亏损。

如今市场对生物工程类公司的热情让人惊奇，人们像疯了一样购买它们的股票，而让我赚钱的是唐恩甜甜圈。我不用担心韩国的进口以及货币供应量数据。当你持有唐恩甜甜圈的时候，你不用担心这些事情。

忠告 3：五年级的数学足以满足投资所需

一定要考察资产负债表，这非常重要。如果你接受了五年级的数学教育，那么这就足够投资所用了。数学是我的强项——直到数学中出现微积分之前。我在数学方面真的很好，还记得这个数学题吗？两辆火车，一辆从圣路易斯出发，另外一辆从达拉斯出发，多长时间两辆火车相遇。我很喜欢这类问题。

但是突然之间，数学中出现了二次方程式和微积分。还记得吗？微积分的意思是曲线下面的面积。我永远无法理解曲线下面到底是什么意思。

不过股市的好处在于你不必与任何这类事情打交道。如果你学过五年级的数学，你可以在股市上做得很好。股市上用到的数学十分简单。

忠告 4：花 15 秒时间在资产负债表上

但是你必须得考察资产负债表。我持有的并且让我从中赚到钱的几乎每一家公司都有良好的财务状况。只需 15 秒就能看出一家公司的财务状况如何，你看看资产负债表的左边，再看看右边。如果右边一团糟，左边很可疑，那么不用花太多时间你就知道这家公司不值得投资。如果你看不到任何债务，你就清楚这家公司相当令人满意。

当我刚踏足这个行业的时候，还得不到季度资产负债表。如今，你可以得到每个季度的资产负债表。过去，公司不会列示债务的到期时间，现在它们不得不列示所有债务的到期时间，你能从中知道公司欠银行的钱有多少。

30 年的钱和 30 年期的银行贷款之间差别巨大。银行只会锦上添花，当你经营得很好的时候，它们请你吃饭，愿意为你提供各种各样的贷款，但是一旦你连续几个季度绩效惨淡，它们就想收回贷款，从来不会雪中送炭。

但是你可以通过阅读资产负债表，考察一家公司，看它是否有债务。或者你能发现公司确实有 3000 万美元的债务，不过这些债务要 30 年后才会到期。

忠告 5：像研究微波炉那样研究你要购买的股票

当我幸运地买入克莱斯勒的时候，当时该公司有 10 亿美元现金，并且没 3 年之内到期的债务。它们实现了盈亏平衡，现金流为正。因此，即便对周期性公司而言，花一分钟考察资产负债表也是值得的。

有一种现象让我感到很惊诧，人们在最终购买冰箱之前会先对比 10 台冰箱，他们会在《消费者报道》中查看不同冰箱的测评，会逛 15 家商店，但不知道为什么，他们对股市感到如此神秘，他们没有意识到听从一个的士司机的小道消息而在某个公司的股票上面投入 1 万美元，一点赚钱的机会都没有。

最坏的情况是股价在他们买入之后上涨了 30%，于是他们又投入 2 万美元；最好的情况是股价在接下来三个月中下跌 30%。

这种情况太让人吃惊了。当人们投资股票亏钱的时候，他们会埋怨程式交易，会把责任归咎于机构，说："就是这些该死的机构让我亏钱的。"如果你买一台冰箱，后来发现买的是一台次品，你会说："我本应该做更多研究，我买的那台冰箱质量不合格。"

两天后，相同的这些人前往夏威夷的时候为了节省 98 美元而花了一个半小时购买往返机票。人们对待这些事情非常小心，但是一到股票上面，他们就很不小心了。

就像你研究微波炉那样研究你要购买的股票，这种投资方法将给你带来更好的股市投资回报。

忠告 6：你只能在事后知道哪只股票是伟大的

伟大的股票永远是意外，这是毫无疑问的。如果有谁在买入沃尔玛股票的时候就知道他可以赚 500 倍，那么我觉得他是外星人。你永远不可能在事前知道谁是伟大的公司。

你买入一家好公司，回顾这只股票过去 8 年、10 年甚至 12 年的表现，你说"天啊，看看我赚了多少钱"。但是你永远无法知道未来你将赚多少，或者赔多少，你只能在事后知道盈亏。

这和房子一样。许多人在 20 世纪 60 年代买房，卡洛琳和我就在那时以 4 万美元的价格买了一套房子，后来房价上涨了很多。我们买的时候，没人告诉我们将赚很多钱。回想 20 世纪 60 年代，没人说："买一套房子吧，买房是很好的投资，你将赚很多钱。" 15 年过去了，房价上涨了一大截，这完全是一个意外。

然而过去四五年来，人们大量购置房产——他们的第二套住房，他们觉得将从中发大财，但这种方式行不通。

股票也一样。我买入了麻省的一个零售公司 Stop & Shop 的股票。当我买入的时候，它的股息收益率是 7%。股票的表现平平，我当时觉得我可能会赚 30%。

4 个月后，在我做了更多的研究之后，我发现该公司在收购了 Bradlees 之后的表现非常好。在现在这个时点上，沃尔玛仍然不是 Bradlees 的对手。Bradlees 开始进入沃尔玛的市场，整个东北市场都是它们的。Bradlees 是一家折扣仓储商店，现在做得很好。它转变了 Stop&Shop 的经营方式，推出了超级 Stop&Shop。它的股价在 11 年的时间内上涨到原来的 15 倍，这对我来说完全是一个意外。

忠告 7：散户具有巨大的优势

在股票投资方面，散户绝对具有难以置信的优势。有些散户在化工行业工作，有些则在造纸行业就业。他们将比我提前 9 个月获悉化工行业的景气状况变化。他们能最先知道氯出现了短缺，可以率先知道腐蚀剂缺货，能第一时间知道库存销售完毕,但是他们却去买生物工程类股票。

他们也知道修建一座氯气工厂需要 5~6 年。如今在美国,得到一张保龄球馆的环保批准都很困难,更不用说具有腐蚀性的氯气工厂了。人们能获得他们所处行业的很多信息。

我最喜欢举的一个例子是史克必成公司,它是一家规模相对较小的医药公司,是它发明了治疗溃疡的药 Tegamet。直至那时,治疗溃疡除手术外没有其他方法。这家公司的股价后来上涨至原来的 15 倍。你不必在 Tegamet 还在做临床测试的时候买入这家公司,你甚至不必在它刚上市的时候买入。不过,当你的亲戚朋友使用了这种药发现对溃疡的治疗效果不错的时候,那时你应该买入。想象一下所有的医生都开这种药,所有的药剂师都配这种药,就知道这笔投资有多好。

我曾经从假日旅馆公司的副董事长那里得到过一个非常好的提示。大约 12 或 13 年前,他告诉我得州有一家名为 LaQuinta 的汽车旅馆公司。他说:"他们打败了我们,他们的产品很好,他们的经营范围已经超出了圣安东尼奥,他们做得很好。"结果证明这的确是一只很好的股票。

每隔几年你只需要投资几只你拥有丰富信息的股票,就可以获得良好的回报。你只需要专注某个领域,购买你熟悉的本地公司就可以了。

在麻省威尔伯雷市有一名消防员,他对股市知道的不多,但是他有一个很好的理论。他发现他们镇上有两家公司不断扩大工厂,于是他每年在这两家公司的股票上面投入 1000 美元,连续投了 5 年,结果他成了一名百万富翁。

散户具有一些优势,我真的想着重强调这一点。散户一般觉得他们是业余篮球队员,却要与洛杉矶湖人队对决,因此毫无希望获胜。其实这是完全错误的,散户具有很多特定的优势。

忠告 8:职业投资者—— 一个难以置信的矛盾

"职业投资者"这个说法是矛盾说法中的"精品"。职业投资者具有一些偏见,他们只买大盘股,只买具有多年历史的公司,不会买有工会的公司。我曾经持有过有工会的公司的股票，它们给我带来丰厚的回报。他们也不会买无增长行业的股票，我们却在该行业获得了很好的回报。

另外，职业投资者还有一个最重要的规则。如果你是一名职业投资者，你在市场公认的蓝筹股上赔钱，你会没事，但是如果你在其他股票上赔钱，你就会遇到麻烦。

忠告 9：永远有一些事让人担忧

最后一个需要考虑的因素是，永远有一些事让人担忧。

20 世纪 50 年代人们不愿意购买股票，因为他们担心核战争，担心萧条再次出现。20 世纪 50 年代不是那么辉煌的年代，可是道琼斯指数仍然上升至原来的 3 倍，普通的股票也涨至原来的 3 倍，虽然这个时期人们担心很多大问题。

十几年前，我清楚地记得石油价格从 4 美元/桶、5 美元/桶暴涨到 30 美元/桶。所有人都预言说石油将涨到 100 美元一桶，那样的话世界将遭遇萧条，全球都将崩溃。

3 年后，石油的价格跌至 12 美元/桶。那时人们又说石油价格将下滑至 2 美元/桶，我们将遭遇萧条。我没有开玩笑，这是相同一批人说的。人们担心石油价格下降将导致与石油相关的贷款出现大规模违约。

再后来人们担心的是货币供应量的增长情况。货币供应量的数据通常在周四下午公布，我们全都等着看最新的数据。没人知道这些数据是什么意思，但是他们会说 M3 增速平缓、M2 增速下降等。每个人都对货币供应量的增长忧心忡忡。

但是这与 Melville 公司一点关系都没有，Melville 公司的盈利连续 42 年保持上涨，HJHeinz 公司的盈利连续 58 年上涨，BristolMeyers 公司的盈利连续上涨了 36 年并且没有债务。你认为这些公司在乎货币供应量吗？人们是在杞人忧天。

现在人们开始担心臭氧层和气候变暖。如果这是阻止你购买好公司股票的理由，那么你就有麻烦了。实际上，如果你看星期天的报纸，里面的新闻是如此消沉，以至于你很可能周一都不想去上班了。

在过去10年中尽管大公司裁减了100万份工作，但我们新增了2500万份工作。"二战"之后我们经历了8次衰退，以后我们还将碰到衰退。在过去70年里，股市下跌幅度超过10%的次数共有40次，我们还将经历更多下跌。

但是如果你将一直为这些事情担心，那么你应该把你的钱存在银行或者货币市场账户。

忠告10：投资真的很简单

因此你需要找到一些你掌握很多信息并且能理解的公司，然后和这些公司绑在一起就行了。

五、金融大鳄乔治·索罗斯：选优择差反身性

投资名人堂 NO.5——乔治·索罗斯，他以股票投资、货币投资、反身性理论闻名于世。投资业绩骄人，在长达 50 载的职业生涯中，创立了量子基金，管理资产超过 500 亿美元。

名言：世界经济史是一部基于假象和谎言的连续剧。要想获得财富，就要在假象被公众认识之前退出游戏。

乔治·索罗斯，1930 年 8 月 12 日生于匈牙利布达佩斯，著名的货币投机家，股票投资者，量子基金创始人，慈善家，被外界称为"金融大鳄"。他毕业于伦敦经济学院，现任索罗斯基金管理公司和开放社会研究所主席。

启示一：乱局即大局

书评家马德瑞克曾经说过，姑且不论巴菲特及索罗斯的个人天赋，他们所处的时代，对于能在金融市场赚钱特别有利。也就是说，容易赚钱的原因是因为 20 世纪 70 年代末期到 80 年代初期超预期的通货膨胀的结果，以及过去 20 年国际市场资金的戏剧化和混乱的扩张。

索罗斯的一项重要能力就是，在凡人眼中是一场混乱，他却能辨识混乱的类型。一个长期追踪避险基金绩效的华尔街公司的领导人李伯说："索罗斯以全球的角度观察大势，他极了解市场是如何运作的，因此他清楚何处可以运用杠杆操作，不论是知识性或金融性的杠杆。"

索罗斯说过，金融市场天生就不稳定，国际金融市场更是如此，国际资金流动皆是有荣有枯，有多头也有空头。市场哪里乱哪里就可以赚到钱，辨识混乱，你就可能致富。越乱的局面，越是胆大心细的投资者有所表现的时候。

一项情形变得越糟，就会向上弹得越高。股市跌得越深，市场越乱，就越可能出现大行情。乱局对冷静的客观投资人来说，正是天赐良机，因为这可能是大捡便宜货的机会，也是财富重新分配的时候。

启示二：见坏快闪，认赔出场求生存

这是索罗斯投资策略中最重要的原则，眼明手快，见坏就闪是求生存最重要的方式。

大部分投资人充斥着一种舍不得的情绪，股票上涨舍不得卖，股票下跌也舍不得卖。看了难过，杀了手软，出货往往是波段最低点。

启示三：昨天的历史，明日的走势

索罗斯成功地预测了1987年的股市崩盘，秘诀为何？鉴往知来。

经济危机的爆发，往往是因为酝酿了长期不稳定的情况。历史的经验经常可以预测未来，因为历史是会重演的，所以"以史为镜"不失为预测的重要方法。

启示四：别人话中话，我见财上财——解读能力

一些平淡无奇的话，在索罗斯听起来，可能就是重要的买进或卖出的讯号。这样的启示说明索罗斯具有一项重要的能力，就是解读话语的能力。

各国政府领袖、商界人士的重要谈话，都隐含了相当重要的意思在其中，而差别在于听者能听懂几分、执行几分。

1992年德国央行总裁史莱辛格的演说中提到：如果投资人认为欧元是一篮子固定的货币，那就错得离谱了。当年总统为了经济问题，一再提高马克的利率，使马克变成强势货币，而为了维持汇率的稳定，使英国及意大利不得不跟进，但是英国及意大利的经济情况不理想，因此苦撑汇率之下，对德国抱怨连连。索罗斯听了史莱辛格这番话以后，认为其中别有文章，他话中的含义可能影射虚弱的意大利里拉。事后索罗斯与史莱辛格谈话，问其是不是喜欢以欧元作为一种货币。史莱辛格回答，他喜欢欧元的构想，但是欧元这个名称则并不喜欢，如果名称用马克，他会比较容易接受。读出弦外之音的索罗斯便立刻放空意大利里拉，大赚3亿美金，并借了一大笔英镑，改换成马克，又大赚10亿美金。

启示五：小心，明牌就在你身边

作深一步判断，听得懂事件的含义，明牌就出现在报纸、新闻、电视、广播上，甚至出现在口耳相传的小道消息上。

1972年，有一天晚上索罗斯听到了国民城市银行招待证券分析师吃晚饭的消息，这是一件从未发生过的事。虽然索罗斯不在受邀之列，但他却敏锐地认为其中必有不寻常的事情要发生。他立即主张买进经营体质较佳的银行股，他的联想是银行业可能要公布利多消息。果然索罗斯买进的股票获利五成。

启示六：仙人打股有时错，错误为投资之必然

1987年，索罗斯仔细检视全球经济大势后，得出的结论是崩溃会从日本开始。当时日本债券市场崩盘，索罗斯研判债券市场的崩盘效应会扩大到股票市场，因为股票市场股价高估的现象远高于债券市场的不合理性，所以他认为日本股市会领先下挫，但没想到投机性的资金反而涌进了日本的股票市场，日本股市又创了新高。

启示七：勇于认错的自省精神

索罗斯相信，使他与众不同的最大能力，就是他能很快地察觉过错。能做到很快察觉过错，势必拥有较为敏锐的心智及高人一等的勇气。

在索罗斯的理论里，他认为人类对事情的认知是不完整的、有缺陷的，所以人类思想天生就容易出错。索罗斯能够了解事实与认知的差距。

绝不犯错不等于投资成功。成功往往是瑕不掩瑜，做对的事多过做错的事。假如你出错，或者你的假设与事实不符，那就要切切实实、认认真真地研究到底哪里出错。换言之，越是不成功，就越要花时间研究错误。

启示八：最大天赋——化繁为简

化繁为简代表一项重要的能力——耐烦和归纳的能力。

耐烦——金融市场若真的分析起来，肯定没完没了，经济大势、政治影响、个股基本面、历史走势图、产业前景等，最后只是买或不买、卖或不卖的最终判断而已。索罗斯每天阅读数十份各类专业刊物的原因就在此。

归纳——堆积如山的信息中可能夹杂不实的信息和消息,处处陷阱,既复杂又危险。所以要先收集资料,分门别类,再抽丝剥茧,最后归纳出对自己有利的信息。最重要一点是不能因为求快而漏了有用的信息,尤其在复杂的金融市场,错失一步,可能就满盘皆输。

索罗斯可以带领慈善组织,也可以涉足不动产、农牧业、网络公司、寿险公司、金融商品、超级市场等各种不同领域,他全部是亲自了解,并不只是听任幕僚人员的建议。而且他每天要花三分之一的时间思考,他并非超人,只是将化繁为简真正融入他的投资生涯和日常生活中。

启示九:在前进中整顿

在市场千变万化的情况下,有些时候是不能拖延的,否则很容易丧失一大段精彩的行情。边进行边修正的策略就是要能够时时灵活地适应变局,有时候理论太多是无法落实的,计划赶不上变化。在前进中整顿,不是走一步算一步,而是从行动中积极调整投资策略。

启示十:管理风格

开放式沟通:索罗斯身边的人不是唯唯诺诺的,而是在与索罗斯有不同意见时,能勇敢地反驳索罗斯的人。

不在其位不谋其政:例如,索罗斯手下有位能力不错的交易员,在索罗斯不知情的情况下进行了风险很大的货币交易,虽然这笔交易赚了大钱,但索罗斯还是将他开除了,因为若有闪失,是由索罗斯自己负起全责,而非他的手下。英国巴林银行倒闭就是一个类似的例子。

充分授权:索罗斯多次在跟属下的会议中,告诉他们如果看好一项投资标的,为什么下这么少的赌注呢?其实那名部属所投资的金额已经是天文数字,但是索罗斯却依旧鼓励部属加码,给予部属充分的权力。

恩威并重:他常常问部属问题,让部属难以招架,目的是要知道负责的人到底了不了解状况。不过他也赏罚分明,让属下又爱又恨。

启示十一:你有没有自己的舞台

人必须有舞台才有发言的余地,才会受到重视,才可以谋求更大的商机。

例如,80年代末期,索罗斯曾企图说服当时的美国总统和英国首相支持一项欧洲的复兴计划,但是这项建议非但没有被重视,还遭受人们嘲笑,他了解必须成为公众人物才能受到重视。于是他推动了放空英镑一役,让英格兰银行破产,从此索罗斯声名大噪,为自己创造了一个舞台。之后索罗斯还应韩国总统之邀到韩国进行访问,以非正式顾问之名评估韩国进行巨额投资的可行性。

启示十二:要有在垃圾里找黄金的慧眼

索罗斯对冷门的东西特别感兴趣,如在套汇还是一项冷门又无聊的工作时,他把套汇研究得很透彻,一跃成为套汇理论兼操作的大师。1960年,他发现一家德国保险公司,若与它的资产价值相较,股价实在太低了,他便开始推荐这家保险公司的股票,结果此股票涨了3倍。要独具慧眼去找到低价而有潜力的股票。

启示十三:与其听你的摆布,不如照我的规矩

索罗斯说:"我特别注意游戏规则的改变,不只是在游戏规则里打转,而是了解新的游戏规则何时出现,并且要在众人察觉之前。"他还试图改变游戏规则,在金融市场、政治舞台皆然。

例如,他不以政治捐献或以资助候选人的传统做法,来作为增加政治影响力的主要方式,而是直接用他的财富支持和与其倡议的议程有关的辩论,希望受教育的大众能认同他的看法,或者捐款给内容涵盖广泛的民间组织及计划,这类的组织有助于改变全国的政治文化。

启示十四:市场,我永远不相信你

索罗斯说:"市场走势不一定反映市场的本质,而是反映投资人对市场的预期。但是投资人往往是不理性的,因此更加深金融市场的不稳定性。"

如果偌大的营业厅里,只有两三只小猫在看盘,这就告诉你该进场了。如果连股票名字都叫不出来的隔壁大爷都告诉你该买股票了,这就是该退场的时候了。

启示十五：神秘第六感

索罗斯很相信他自己的动物本能。每当事情生变，他就会觉得痛。当他直接管理基金时，就时常会背痛，只要一开始痛，他就知道投资组合有问题。更妙的是，如果痛的地方接近腰部就是超买出了毛病，若是左肩痛就是货币方面有麻烦。

话虽如此，仍然不可忽视专业能力的培养，只是在下注前，不免有犹豫的心理，偶尔找个直觉来说服自己，只是帮助投资更果断而已。直觉是帮助自己作决定用的，帮助加码时坚定信心，绝不可倒果为因。

启示十六：存活下来，一切好谈

索罗斯在《金融炼金术》的导论中说："如果我必须就我的实务技巧做个总评，我会选择一个词：存活。"

例如，1987年股市崩盘，索罗斯判断会从日本开始，然后才是美国股市，但是他原本放空的日本市场反而走高，使他受到重创，但他并没有执迷自己的判断，立刻认赔出场。他的原则是先求生存，再求致富。所以虽然这次投资失败，但全年的基金表现仍有14%的盈余，为他留下日后大战的筹码，也才有他可以获得"让英格兰银行破产者"封号的可能。

启示十七：分散风险就是致力于投资组合

不要把所有的鸡蛋放在同一个篮子里。

量子基金会把净值的资本投资于股票市场，而将融资的部分投资于股指期货、债券、外汇等金融商品上。原因是股票的流动性相对于金融商品而言较小，因此将部分的净值资本投资于股票上，万一发生追缴保证金时，就能较好地避免灾难式的崩盘。

启示十八：最高境界，无招胜有招

索罗斯认为，他的特长就是没有特定的投资作风，或者更精确点，他常常改变自己的作风以迁就环境。

量子基金成立以来，有时做多，有时放空，有时玩股票，有时买债券，有时买期货，他还是衍生性金融商品的使用鼻祖之一，全球各地的主要金融市场几乎找不到他缺席的纪录。

1970 年代初期，索罗斯开始投资当时并不成熟的日本、加拿大、荷兰股市，之后又投资石油公司、银行、国防公司、农业公司的股票，并获得丰厚的报酬。1973 年、1974 年股市重挫时，索罗斯又以放空方式赚钱。

启示十九：融资，小心融资

索罗斯的重大胜利中，从事的大部分是融资，但是索罗斯并非疯狂地一味运用融资操作，他本人非常了解融资的风险。

索罗斯对融资的观念有以下几个基本的重点。

（1）基金的净值必须用来支持所使用的融资。

（2）对于纯粹的商品类基金，使用的融资倍数十分节制。

（3）投资组合本身就具有融资效果。

（4）必须处于正确的行情，才能借融资来获利。

启示二十：无心插柳尚且成荫，有意栽花当然要发

数十年来，索罗斯在很多国家建立民主慈善基金会，他捐出去的慈善捐款已经超过十三亿美元，他甚至表示希望在死之前把所有的财富都捐出去。

他以慈善为名，在很多国家建立起了良好的政商关系，如延聘了许多退休的政府官员，姑且不论他是否有所意图，他的努力是有目共睹的，这对他在人脉、在当地国情的了解上，以及他的影响力和投资方面都有极大的帮助。

启示二十一：见风是雨的联想力

索罗斯说："你的思考一定要全球化，不能只是很狭隘地局限于一隅，你必须知道此地发生的事件会如何引发另一地的事件。"他就是要投资人培养国际观，并且能够找到事件的联动关系。

索罗斯不仅注意公司的体质，同时在意当时的大环境。兼顾微观与宏观，两者是密切联动的。

1970 年代索罗斯曾经放空雅芳股票，他以 120 美元放空卖出，两年后以每股 20 美元回补，每股赚了 100 美元。因为索罗斯洞悉了一个趋势，即人口逐渐老化，化妆品从业者收入将大受影响，所以他研判化妆品的销售荣景已经过去了。

启示二十二：亲自了解而不是道听途说

索罗斯订了三十种业界杂志，也阅读一般性杂志，四处寻找可能有价值的社会或文化趋势。他遍览群书的目的，就是要从资料中审视有何特殊之处，伺机切入市场。他很清楚，他必须把各种可能的信息输入脑子里，然后才能有凭有据地输出投资策略。

单是阅读资料，索罗斯认为尚嫌不足，在他有地位及影响力后，他更可以透过亲自了解，实地勘查的方式，更深入了解投资标的。

启示二十三：我不是冷血动物，而是冷血投资动物

索罗斯说："当我四下寻找一个投资标的时，我便遭遇困难。我并不属于任何特定社会。1947 年我到英国，1956 年到美国，但我从来没有完全同化成一个美国人。"索罗斯从未公开拥抱美国人或犹太人的身份，有些人认为索罗斯没有种族认同。

在索罗斯的投资世界里，他保持冷静、超然，目的取向很重要，目的就是获利，他不随国内多数人起舞，避免跟股票谈恋爱，才不至于冲昏头脑而感情用事。

索罗斯并未忘本，他一直是他的祖国——匈牙利的长期资助者，在他的办公室内，还悬挂着匈牙利艺术家的作品。

启示二十四：看到缺点，我就放心

根据索罗斯的理论解释，市场参与者的偏见会影响市场价格，并且有时候不仅影响价格还会影响基本面，所以他在剖析投资标的时，就习惯带着找碴儿的眼光，试图看出其缺点。因为只要知道缺点所在，他就能领先乐观派的投资大众。

索罗斯常与实际操盘人就投资问题做检讨及辩论，索罗斯的作风就像

博士班学生考试时的口试委员一样,不断质疑考生论文的论点,试图找出缺点。倘若一问,问题百出,就不断进行检讨,他的问题既专业又刁钻,一直到部属回答都正确,再也没有问下去的必要时,他才放心进行投资。

启示二十五：低买高卖有条件，选购股票像逛店

索罗斯的合作伙伴透漏,索罗斯的投资策略为:找寻被低估的股票和拥有强势产品连锁店的公司。

投资股票或收购其他公司都要经过精算的过程,我们可以假想今天如果要去买下别人的店或收购别人的公司,一定要详细推敲卖价是否合理,对公司的财产清册、营收状况、每月开支等各个角度作深入地剖析。但是事实上,投资人并非如此,好像股票跟公司是不关联的独立个体。

启示二十六：我是我眼中的我

索罗斯自从在做空英镑一役胜利后,就努力转型,开始强化他慈善家的形象和行为,并深入公共政策领域。他时常四处演讲、接受访谈、批评世局、指责某国政策不当,俨然成了政界人士。但是大多数人没有兴趣聆听他的意见,人们感兴趣的是他在金融方面的看法。

在政治人物的眼中,索罗斯不是一个政治人物;在大众眼中,他只不过是个舍得花钱的慈善家罢了。

但是索罗斯不在乎别人怎么看自己,而是一心做好自己的事,所以在捐钱、捐设备、设立大学、奖助教授及学生、关心教育议题、网络普及、民生问题等方面,都有一定的贡献和成就。

启示二十七：时间换取空间，空间也可换时间

通常大部分的人会认为索罗斯是标准的投机客,这类人一定没有耐心,专跑短线,如果是以这种印象看索罗斯,那就失之偏颇了。

例如,1989—1992年重创英格兰银行这件事,索罗斯就布局了三年。他对一个只有预判且尚未实现的局面等了三年,所以能说他没耐心吗？

相对于长期投资的观点,索罗斯只是不用长期时间来换取上涨的空间,因为只要价格满意,时间长短并非考虑的重点,因为目的已经达到了,然

后他再争取时间找寻下一个目标。

启示二十八：果断

索罗斯有一个非常重要的能力——说做就做的果断行动力。例如在1974年，索罗斯接到一通东京营业员的电话，通话后他觉得当时环境不利，于是立即作出出货的决定。当作决定的时机成熟时，他绝不花15分钟以上的时间做研究。

索罗斯说过，日本是他喜欢的地方之一，他愿意在他喜欢的市场里全部撤出，必然是他研判局面可能生变。但是对于尚未发生的事，他能够勇于即刻作决定，没有半点迟疑，这样的果断的确超乎常人。

启示二十九：彻底分工就是彻底成功

索罗斯的金融生涯里曾经一度遭遇瓶颈，他衣食无虞，基金规模不断扩大，但是他的精神却几近崩溃，他对眼前的成就忽然起了疑心，与妻子离异，与工作伙伴拆伙。

当时他设法找人分担经营基金的责任，不断地征人访才，找到人之后，却又放心不下，仍然过问业务，最后还是自己作决定，结果导致量子基金首度出现亏损。

经过多次教训，索罗斯把业务逐渐转给一些手下悍将，充分授权给下属负责，当然他本人仍然关心基金的运作，也随时提供建言，之后，量子基金又创造了另一波高峰。

启示三十：冒险不是忽略风险，豪赌不是倾囊下注

翻开索罗斯征战金融界的纪录，一般人都会被他出手的霸气吓到。很多人误以为只是命运之神特别眷恋索罗斯，认为他只是赌赢罢了，赌输了也是穷光蛋一个。

但是，仔细观察他下注的方式，有理论有根据，有研究报告，能嗅出市场乱象浮现，调集大笔资金，予以致命重击。

启示三十一：政府护盘，反向指针？

在经济学家眼里，政府以任何方式介入股市，都是不当的做法，但这

种观点并不为索罗斯所赞同。也不是说索罗斯赞成政府干预,他赞成的是有一个强力的国际央行之类的组织,以解救濒临危乱的经济。

例如,1997年的亚洲金融风暴,从泰国央行喊话开始,到马来西亚、印尼、新加坡、台湾、香港、韩国等,每一个政府皆大力护盘,但是结果不但徒劳无功,而且更加惨重。政府的护盘有时可成为市场变盘的警讯,所以在投资前,可以考虑政府的态度,它有可能成为研判走势的反向指针。

启示三十二:不是闲人闲不住,真是闲人非等闲

我们仔细研究一些股市大亨的行事模式后,可以发现他们并不是整天忙忙碌碌地盯着大盘,因为一两天的涨跌而神情紧张地喊进杀出。

例如股神巴菲特,他并没有像一般大众印象中那样忙碌地生活。他的公司并未设在繁华的市中心,而是设在偏远的内布拉斯加州。而且他的办公室里,甚至没有计算机或股票交易的终端机。巴菲特说:"没有热闹的小道消息,才能冷静思考。"历史上最大规模的共同基金——麦哲伦基金经理人林奇也和大多数被下属簇拥的大亨不同,他的工作小组只有两名助手,他认为,人一多,要沟通的时间势必也长了。

索罗斯的量子基金的管理工作早就落在他的手下身上,他曾说,他一天要花三分之一的时间思考,并澄清自己对于将要往何处去、世界要往何处去等问题的想法。他是以一个思考的角度参与,思考就是要置身事外,保持自己的客观与超然。

启示三十三:要效仿索罗斯,先定位自己

因为索罗斯的成功,使所有避险基金的经理人都开始一种"只管总体金融面,不从事证券分析"的流行现象,每一个人都想像索罗斯一样,做一个总体经济面的宏观投资人,不必再从事选股的工作。这些基金经理人忽视为上市公司作基本分析,不看年度报表,不管企业界的问题,也不管他们的竞争力,每一个人都想成为另一个索罗斯。

但是,其实每个人的遭遇并不相同。索罗斯一开始就接触套汇,加上他特殊的欧洲背景,促使他在套汇领域勤加钻研,所以他必须熟悉市场大

势。但是一般的金融工作人员，不思在自己的领域中坚守岗位，只是一味地跟进成功之后的索罗斯的脚步，结果很容易导致自己的失败。

启示三十四：认真扮演每一个角色

从索罗斯所扮演的角色来看，他可以说是一个慈善家，又渐成一个政治家，他自视是一个哲学家，在金融领域方面又是一个投资家。

索罗斯不满足现状，仍朝理想迈进，不以事多为苦。多重的角色在他身上，虽不甚协调，但是他认真扮演每一个角色，在每个角色里都尽力表现。

启示三十五：风雨不惊，无怨无悔

1987年的股市崩盘，索罗斯猜错了崩盘的顺序，给他造成极为惨重的损失。当有记者问到他对此次重挫的反应时，索罗斯只说："我觉得很有趣。"

索罗斯的朋友说："索罗斯面对崩盘时表现镇定，索罗斯认赔的态度比我见过的任何人都好，他可能认为市场没照他的想法演变，但既然出了错，经他理解后，就大步离去，不再留恋了。"

索罗斯当然并非全然没有痛苦，他曾说："对我而言，赔钱是一个痛苦的过程，这的确是一个惨痛的遭遇，但是想玩这个游戏你就必须忍受痛苦。"索罗斯不管赚钱也好，亏钱也罢，一切的结局都是荣辱不惊，在他的人生里，钱已经不是那么重要。赚钱是他的工作，不是他的目的。这样的修为，值得每一个投资人努力培养与学习。

六、指数基金之父约翰·博格：指数先锋辟蹊径

投资名人堂 NO.6——指数基金之父约翰·博格。许多人将巴菲特称为股神，巴菲特却说自己心中的英雄是约翰·博格，他说："约翰·博格为美国投资者做的事，可能比任何人都多，没有他就没有指数基金。如果要树立一座雕像，用来纪念为美国投资者作出最大贡献的人，那么毫无疑问应该是约翰·博格。"

名言：客户的私人飞机在哪里？

约翰·博格，先锋集团创始人和前任首席执行官，《财富》杂志将约翰·博格列为20世纪四大投资巨头之一。因为博格突出的创造性和公民精神，有人把他比作当代的本杰明·富兰克林（美国独立战争领导人、芒格的偶像）。有人说，他对个人投资者作的贡献，超过美国历史上任何一个人。约翰·博格享有以下荣誉：

公认的"指数基金教父"，发行了全球第一只指数基金；

《财富》杂志评选的"20世纪四大投资巨人"之一；

《纽约时报》评选的"20世纪全球十大顶尖基金经理人"之一；

《时代》杂志评选的"全世界最具影响力的100位人物"之一；

美国著名金融杂志《机构投资者》颁发的"终身成就奖"获得者；

普林斯顿大学"伍德罗威尔逊奖"获得者。

博格1929年5月8日出生于新泽西州的蒙特卡莱尔。他的父亲在大萧条中失去了大部分的财富，并开始酗酒，最终和博格母亲离婚。家庭的分崩离析给博格的童年留下难以磨灭的记忆。

后来，他在2012年说："那是艰难的时期，我10岁就开始工作，送报纸，最后成为一名服务生。我学到了'为你所得到的而工作'，我为那些没有受过这种教育的人感到遗憾。"艰苦的童年没有成为博格成长的阻碍，反而成为他勇往直前、敢为人先的精神动力。博格上学后，好胜心极强，不论是学习还是业余兼职，都致力于做到最好，他从不认为第二

是好的，在他看来，第二就意味着失败。

1951年，他以优异的成绩从普林斯顿大学经济学专业毕业，开始了他的职业生涯。他写的一篇123页的《投资公司的经济角色》毕业论文引起了普林斯顿校友沃尔特·L·摩根（Walter L. Morgan）的注意，并由此加入了摩根创立的平衡基金——惠灵顿基金。加入惠灵顿基金后，博格在多个部门工作，并最终得到摩根的赏识，于1967年接过摩根的接力棒，成为公司的总裁。1974年博格创立领航集团，并逐步接入原惠灵顿公司的业务。

目前，领航集团为大约170个国家的2000多万投资者，管理超过5.1万亿的美元资产。博格被认为是全球最伟大的投资者之一。

指数基金刚诞生的时候并不受欢迎，当时的市场反应极为消极。人们嘲讽这是"追求平庸"，称其"不像美国人"，还有人说这是"一个坚定的、始终如一的、长期的失败者公式"。博格没有放弃，他认为绝大多数投资者无法战胜市场，最好成为市场本身，而成为市场本身的最好方式，就是选择成本最低的指数基金。1976年8月，领航集团成立第一个"市场指数"共同基金，原名"第一指数投资信托"（First Index Investment Trust）。领航花了3个月的时间才筹集到1200万美元。到1976年年底，该基金的规模只增长到1400万美元。要说服投资者把他们的资金投入只能与市场回报匹配的基金并不容易，投资者想要打败市场。

为了推动指数基金，博格做了很大的努力，几乎是凭一己之力，颠覆了整个基金行业的潜规则。除下调基金和销售费用外，他还身体力行，把自己的总部也搬到了人迹罕至的郊外，省下公司的经营成本。博格给自己开的工资也非常低，领航基金公司后来成为世界数一数二的大基金公司，但博格的工资仍不过几百万美元。

还有一件小事常为人称道。1984年，博格在纽约的豪华广场酒店办理入住，要求住最便宜的房间。前台告诉他最便宜的房间价格是230美元一晚。博格说："我绝不可能为一个房间付这么多钱，我在这里住过15年了，每次我都是住你们最便宜的房间，而且房价绝不超过100美元。"

最后前台给他安排了一个在嘈杂的电梯井旁边的每晚 100 美元的小房间里，这让他非常满意。

博格还是"股神"巴菲特所敬佩的英雄。巴菲特曾在 2017 年 3 月的年度致股东信中写道："如果要树立一座雕像，用来纪念为美国投资者作出最大贡献的人，那么毫无疑问应该选择博格。他早年经常受到投资管理行业的人的嘲笑。然而今天，他很满意地知道，他帮助了数百万投资者，使他们的资金获得了远比他们本来能赚到的更好的回报。博格是他们和我的英雄。"

查理·芒格也对他高度评价："博格这种毕生与谬论作战的勇士，是我们这个行业的英雄。"这位被赞誉为美国国宝级的投资大师，被认为彻底改变了美国人甚至世界的投资方式。

博格致力于降低投资者的成本，为普通投资者提供低费率、低风险、收益稳定的基金产品。

法则 1：记住均值回归法则

均值回归法清楚地表明，通过考察历史业绩来选择基金是非常危险的尝试。过去永远不能代表未来。就像钟摆，股票价格摆向一边时会大大高于其合理价格，接着会重新摆回至合理价格，再摆向低于这一价格的另一边，接着又回到均衡点。当股市表现完全脱离其基本面，或者落后基本面太多，均值回归法则早晚会起作用。

法则 2：时间是你的朋友，冲动是你的敌人

永远别忘记时间是你的朋友，利用这一点，好好享受复利带来的奇迹。给予你自己充足的时间，并牢记通胀的风险。冲动是你的敌人。投资最严重的错误之一就是被市场的"塞壬之歌"诱惑，市场引诱你在股票价格上涨时买入，在价格跳水时卖出，因为揣测市场时机是不可能的。当你以长远眼光看待股市时，你就不太会让股票价格短期的变化影响整个投资计划。在股市时刻变化的波动性中有太多噪声，如果你放任冲动取代理性的预期，那么冲动就是你的敌人。

法则 3：选择最正确的基金买入并长期持有

投资者将要面临的下一个严峻考验，就是在投资组合中选择最恰当的资产配置方式。股票的目的是提供资产和收入的增长，而债券则是保持现有资产和现有的收入水平。考虑刚开始投资时将资产分配为一半股票一半债券，如果发生以下情况则考虑将投资股票的份额提高：你仍然还有足够时间进行财富累积；你用来进行高风险投资的资金保持在适度的水平；现有收入对你影响不大；你有足够勇气来面对经济繁荣和萧条，并能以平常心待之。

法则 4：对未来抱有现实的预期——贝果面包和甜甜圈

两类差异很大的烘焙类食物——贝果面包和甜甜圈，正好代表了股市收益中两种完全不同的元素。将贝果面包看成股市中的投资收益，即股息收入加上盈利增长。松软可口的甜甜圈代表了价格发生实质性变化后得到的投机收益，而投资者非常愿意为所获得的投机收益支付一定金额。长远来看，投资回报才是决定一切的因素。当然也要吸取一个教训：好好享受贝果面包的健康成分，不要期望甜甜圈的甜味或酸味能够长期起作用。

法则 5：忘掉那根针，买下整个草堆

塞万提斯曾说："千万别试图在草堆中找一根针。"大多数投资者都花了大量的时间和精力关注基金过往业绩，关注媒体和电视新闻以及来自朋友的小道消息，还有夸大其词的基金广告和来自用心良苦的基金评级机构的报告。事实上，这样做对预测基金未来可能的收益没有任何帮助。如果你不能肯定你的投资决定是正确的，那么可以分散风险和进行多样化投资。当你认识到了找这根针有多么困难，只需买下整个草堆。

法则 6：最小化庄家的抽成

股市和赌场事实上非常相似。跑赢股市和赌博都是零和博弈，但是仅在支付必要费用之前。一旦向金融中介支付了高昂费用后，对投资者来说，跑赢股市必然是输家的游戏。同理，在庄家抽走佣金后，对所有赌徒来说，想要赢走赌场的钱必然也是不可能的。因此，投资者最好的机会就是拥有市场本身，并将庄家的抽成降至最低。在共同基金中，业绩总是有好有坏，但是成本永远存在。在共同基金行业，不仅你的付出不能为你挣得什么，而且你所挣得的正是你所没有付出的。

法则 7：永远逃不开风险

当你决定用现有资金来累积长期财富时，你必须决定的是你想要具体承担哪一类风险。正如审慎规则所说的"无论怎么做，资金一直都会处于风险之中"。确实，将钱放在储蓄账户中很安全，但是这些安全的资金肯定将随着时间的流逝被通胀逐渐消磨殆尽。当然，将资金投入股市，短期来看风险也极大。但是如果你的投资组合能通过投资不同的股票而将风险分散，长期将获得极为可观的收益增长。

法则 8：警惕最后一场战争

绝大多数投资者——既包括个人投资者也包括机构投资者，通常都是基于最近的数据和过去久远的教训来做出投资决定。投资者不应该无视过去，但也不能想当然地认为某种特定的周期性循环会永远存在。仅仅因为个别投资者坚持要"打完最后一场仗"，不代表你也要这么做。这种做法很快就会失败。

法则 9：刺猬会战胜狐狸

伟大的古希腊诗人阿奇劳哲斯曾说："狐狸多技巧，刺猬仅一招。"狐狸奸诈、狡猾、诡计多端，代表拥有众多投资专家的金融机构，它们知道关于复杂市场的诸多情况和精妙的投资策略。刺猬，当它滚作一团时，全身尖锐的刺会变成它不可战胜的盔甲，代表只知道一件大事的那类金融机构——保持长期投资成功的精髓是简洁。金融界中老谋深算的狐狸告诉投资者，只有依靠他们的知识和专业技能，投资者才能生存下来，这正是狐狸存在的价值，但随之产生的成本会将狐狸能产生的价值都消耗殆尽。刺猬明白真正伟大的投资策略之所以成功，不是因为它有多么复杂或者多么聪明，而是因为它非常简洁，并保持极低的成本。刺猬广泛分散投资风险，买入并长期持有，将成本控制在最低程度。

法则 10：坚持到底

投资根本就没有终极秘诀，只有最伟大的简洁。这些投资法则都是关于基本的算术，关于最基本和最没有争议的原则。但是投资不是件容易的事，因为它需要纪律、耐心、毅力以及最宝贵的品质与常识。金融市场总是来回摇摆，你需要尽可能忽略那些转瞬即逝的不和谐因素，将短期的变化与长期的情况分开。一切投资智慧中最重要的原则总结起来不过四个字——坚持到底！

七、全球投资之父约翰·邓普顿：逆向投资遍全球

投资名人堂 NO.7——全球投资之父约翰·邓普顿，他以逆向投资、全球投资闻名于世。邓普顿投资业绩骄人，在长达 70 载的职业生涯中，创立并领导了那个时代最成功的共同基金公司，管理资产高达 220 亿美元。

邓普顿曾说："牛市在悲观中诞生，在怀疑中成长，在乐观中成熟，在兴奋中死亡。最悲观的时刻正是买进的最佳时机，最乐观的时刻正是卖出的最佳时机。"

他还说："2000 年 3 月关于互联网股票，我认为该行业将会遭遇有史以来最大的一次崩盘。我 100%相信价值投资的方法，但价格不再是这个市场考虑的因素。"

邓普顿是 20 世纪最著名的逆向投资者，他创立了曾是全球最大最成功的邓普顿共同基金集团，是 100 年来最成功且最负盛名的职业投资者之一。

《福布斯》杂志盛赞他为"全球投资的鼻祖"，认可了他在其他人不敢为之时在全球寻找投资机会的努力。

《纽约时报》评选他为"20 世纪全球十大顶尖基金经理人"。

美国《Money》杂志将邓普顿誉为"本世纪当之无愧的全球最伟大的选股人"。

邓普顿还是慈善家，1987 年英国女王因其多年来为慈善事业作出的贡献而授予其爵位。

1912 年，邓普顿出生于田纳西州，家境贫寒。凭借优异的成绩，他依靠奖学金完成在耶鲁大学的学业，并在 1934 年取得经济学学位。之后，他在牛津大学继续深造，获得罗德斯奖学金，并在 1936 年取得法学硕士学位。重返美国后，他在纽约的 Fenner & Beane 工作，也就是如今美林证券公司的前身之一。

逆向投资：1 万美元到 220 亿美元

1937 年，也就是大萧条最低迷的时候，邓普顿成立了自己的公司——Templeton, Dobbrow & Vance（TDV）。1939 年，36 岁的邓普顿依靠 1 万美元的借款购买了 104 家公司的各 100 只股票，几年后，这笔投资的成功为邓普顿掘得了第一桶金。后来，他的公司取得了相当大的成功，资产规模也迅速增长过亿，旗下拥有 8 支共同基金。刚开始设立共同基金时，他管理的资产是 200 万美元，而到 1967 年出售该公司时，公司已经管理 4 亿美元。在之后的 25 年中，邓普顿创立了全球最大最成功的邓普顿共同基金集团，而且他的基金公司从不雇用销售人员，完全依靠投资表现来吸引顾客。1992 年他又将邓普顿基金再次以 4.4 亿美元卖给富兰克林集团，此时管理的资产已经高达 220 亿美元。

20 世纪 60 年代到 70 年代，邓普顿是第一批到日本投资的美国基金经理之一。他以较低的价格买进日本股票，抢在其他投资者之前抓住了机会，在他买进后，日本股市一路蹿升。后来，他发觉日本的股市被高估了，而他又发现了新的投资机会——美国。实际上，邓普顿在 1988 年就对股东们说，日本的股市将会缩水 50%，甚至更多。几年后，日本的股票指数——东京证券交易所指数下跌了 60%。

在长达 70 载的职业生涯中，邓普顿创立并领导了那个时代最成功的共同基金公司，每年盈利高达 7000 万美元，其运作手法令华尔街眼花缭乱，邓普顿成为与乔治·索罗斯、彼得·林奇齐名的著名投资家。

邓普顿退休之后，他通过自己的约翰·邓普顿基金开始活跃于各类国际性的慈善活动中。自 1972 年起，该基金每年重奖在人文和科学研究上有卓著贡献之士，这便是世界上奖金最丰厚的邓普顿奖。

2008 年 7 月 8 日，邓普顿在他长期居住的巴哈马拿骚逝世，享年 95 岁。

投资方法："最大悲观点"时进行投资

作为 20 世纪最著名的逆向投资者，邓普顿的投资方法被总结为：在大萧条的低点买入，在疯狂非理性的高点抛出，并在这两者间游刃有余。

他在全球范围内梳理、寻求已经触底但又具有优秀远景的国家以及行业，投资标的都是被大众忽略的企业。他经常把低进高出发挥到极致，在"最大悲观点"时进行投资。作为逆向价值投资者，邓普顿相信，完全被忽视的股票是最让人心动的便宜货——尤其是那些投资者们都尚未研究的股票。

经典案例：1939年，他在大萧条与战争的双重恐怖气氛中，借款收购在纽约股票交易所和美国股票交易所挂牌价格在1美元以下的公司各100股。在这总共104家公司中，34家正处于破产状态，其中4家后来分文不值，但是整个投资组合的价值在四年后上升至4万美元。

什么时候卖出股票？

什么时候卖出股票？这是每一个投资者都想知道的问题。邓普顿表示，只有当我们已经找到了一只比原来股票好50%的股票时，才可以替换掉原来的股票。换句话说，如果我们正持有一只股票，这只股票一直表现出色，它现在的交易价格是100美元，而且我们认为它的价值也就是100美元，那么这时我们就需要买一只价值被低估50%的新股票了。例如，我们可能已经找到了交易价格是25美元的股票，但是我们认为它们的价值是37.5美元，在这种情况下，就应该用交易价格25美元的新股票去替换交易价格100美元的原有股票。邓普顿的做法来源于他的投资思想。他的主要目标就是以远远低于其真正价值的价格买东西。这其中有两点应该注意：如果意味着买的东西增长潜力有限，没有关系；如果意味着未来10年以两位数的速度增长，那就更好，关键在于公司的发展。如果能够在发展中的公司里找到理想的低价股，那么它们就可以持续数年为我们带来丰厚的回报。因此，应该注意的是股票价格和价值之间极端错位的情况，而不是纠缠于一些简单的琐碎细节。

只有乐观的投资者才能在股市中胜出

邓普顿号称"低价股猎手"，低价是单纯的指市盈率低吗？其实邓普顿有更完善的思维方式，那就是购买价格远低于其内在价值的股票。他的选股标准是"用当前每股价格除以他估计的未来 5 年的每股收益，然后得出一个数字，股票交易价格不能超过这个数字的五倍""预测一个长达 5 年的业绩周期，并在其中运用这一方法可能并非易事，但是这么做可以迫使你有一个良好的思路，让你能把思维、疑问以及讨论都集中于和企业经营更为相关的主题上来"。价格远低于内在价值，体现了估值与安全边际；预估公司未来 5 年的每股收益，体现了重视公司发展与未来经营。邓普顿虽未开宗立派，但他与格雷厄姆、费雪等大师都有着相类似的思维方式。

邓普顿的经典战役主要有"二战"期间投资美国股市、50 年代和 60 年代投资日本股市、80 年代初投资美国股市、亚洲金融危机抄底韩国、互联网泡沫时期机智做空、"911"事件后抄底航空股等。如果说人的一生有六次大机会，抓住一次足以富足，那些每次都抓住的实在是稀少的天才了，邓普顿就是这样一个天才。

在"二战"期间，一切都被未知的命运笼罩，恐慌在所难免，而邓普顿却能独立思考得出战备需求会增加一众公司利润的结论。更为难得的是，他能准确预判到因为战争超额收益税法的实施，买入了不受它影响的暂时没有盈利的公司。邓普顿的这个预判，有理有据，细想却如神来之笔，还是"多一盎司"努力的作用。这个案例，让笔者想起了 2018 年下半年我们市场关于白酒提高消费税的预判，当时很多机构害怕政府出台对白酒方面的重税，茅台等白酒股大幅回调。今年，减税落地了，白酒税并没来，茅台等白酒股大跌后又大幅上涨。无独有偶，腾讯也被游戏附加独立税种的传言击倒过，曾大幅下跌。邓普顿可以通过预判超额收益税法实施而赚钱，我们也可以通过预判"市场传言的一些税法"不会实施而赚钱或者不恐慌，如此也算是活学活用"逆向投资"了。

很多人喜欢说中国的股市"10 年零涨幅"，其实美国市场也有这么一个时期。整整一个 70 年代，美股大体呈现横盘，期间还出现过几次严重的盘整。80 年代初的美国市场，"牛市已死"的论调大行其道，但超低的估值成功吸引了"低价股猎手"的回归。邓普顿通过对高通货膨胀率"重置净资产"的方法，计算出 80 年代初的美国股市是历史上估值最低的时候，并且计算出未来一段时间企业利润大约每年增加 14%。这是一个绝佳的机会，其后美股走出了很长时间的牛市（在 1987 年有过短暂但剧烈的调整）。2016 年年初的香港股市，出现 7.5 倍市盈率、0.85 倍市净率的估值，若"低价股猎手"当时还健在，应该不会放过这个机会，并且他可能会对"港股边缘化"的评论嗤之以鼻吧。中国股市"10 年零涨幅"，更多的是还 2007 年股价被高估的债，还完之后焉知牛市下一次会不会更加隆重地登场。

我们要明白，并不是做逆向的事情就是对的，逆向只是一个现象。邓普顿是一个"自下而上"的选股人，市场大跌或者萧条的时候，会有更多的公司价格进入他的"击球区"。所以看起来大家恐慌卖出的时候，他在逆向而动。巴菲特也做同样的事情，他说过"市场下黄金雨的时候，你要用桶去接"。巴菲特与邓普顿，一个居住在奥马哈，一个居住在巴哈马，都远离情绪集中之地华尔街，保持着自己的独立思考。我们在繁荣与和平的时代称自己是价值投资者，要明白，我们现在所受到的考验要小很多。

约翰·邓普顿被誉为全球投资之父，因为是他让美国人知道海外地区投资的好处，他开创了全球化投资的先河。虽然邓普顿已经离世，但他的投资思想依然闪耀着智慧的光芒。

邓普顿经典投资语录精选

1. 人们总是问我，前景最好的地方在哪里。但其实这个问题问错了，你应该问：前景最悲观的地方在哪里？

2. 天佑感恩之心，助别人就是帮助你自己，地球上最强的武器就是爱与祈祷。如果你不感恩，你就不富有——不管你有多少钱。

3. 我生命中专注于开启他人的心灵，让人们不自以为是，以为他们已经了解地球上所有的真理。他们应该热心于倾听、研究，而不是封闭、伤害他们不认同的人。

4. 避免投资错误的唯一方法是不投资，但这却是你所能犯的最大错误。

不要因为犯了投资错误而耿耿于怀，更不要为了弥补上次损失而孤注一掷，而应该找出原因，避免重蹈覆辙。

5. 如果你在股市不断进出，只求几个价位的利润，或是不断抛空，进行期权或期货交易，股市对你来说已成了赌场，而你就像赌徒，最终会血本无归。

6. 小道消息听起来好像能赚快钱，但要知道"世上没有免费的午餐"。

7. 买股票之前，至少要知道这家公司出类拔萃之处，如自己没有能力办到，便请专家帮忙。优质公司是比同类好一点的公司，例如销售额领先的公司，科技领先的公司以及拥有优良营运记录、有效控制成本、生产高利润消费性产品而信誉卓越的公司。

8. 要胜过市场，不仅要胜过一般投资者，还要胜过专业的基金经理，要比大户更聪明，这才是最大的挑战。

9. 要购买物有所值的东西，而不是市场趋向或经济前景。

10. "低买高卖"是说易行难的法则，因为当每个人都买入时，你也跟着买，造成"货不抵价"的投资。相反，当股价低、投资者退却的时候，你也跟着出货，最终变成"高买低卖"。

11. 即使周围的人都在抛售，你也不用跟随，因为卖出的最好时机是在股市崩溃之前，而非之后。反之，你应该检视自己的投资组合，卖出现有股票的唯一理由，是有更具吸引力的股票，只有当你发现一只比你持有的股票便宜50%的新股票时，才卖出一只股票。如果没有，则应该继续持有手上的股票。

12. 要将投资分散在不同的公司、行业及国家中，还要分散在股票及债券中，因为无论你多聪明，也不能预计或控制未来。

13. 虽然股市会回落，甚至会出现股灾，但不要对股市失去信心，因为从长远而言，股市最终是会回升的。只有乐观的投资者才能在股市中胜出。

14. 一个有信仰的人，思维会更加清晰和敏锐，犯错的机会因而减少。

15. 要冷静和意志坚定，能够做到不受市场环境所影响。

16. 谦虚好学是成功法宝：那些好像对什么问题都知道的人，其实真正要回答的问题都不知道。投资中，狂妄和傲慢所带来的是灾难，也是失望。聪明的投资者应该知道，成功是不断探索的过程。

17. 让自己变得重要是件好事，但友善更重要。

18. 幸福来自精神财富，而不是物质财富。幸福来自给予，而不是得到。如果我们努力给别人带来幸福，我们也无法阻止幸福来到我们身边。为了得到快乐，我们必须给予它，为了保持快乐，我们必须分散它。

19. 成功是一个不断寻求新问题答案的过程。

20. 付出是风险最小、红利最大的最佳投资。

21. 如果你买的所有股票的市盈率都在 2 倍或 2 倍以下，你会损失一半的钱，因为它们实际上会损失钱，而不是盈利，但你最多只会损失一美元左右的股票。其他人将是平庸的表演者，而剩下的大赢家将奋起直追，创造出惊人的成绩，同时也确保了良好的整体成绩。

22. 那些花钱太多的人最终会被那些节俭的人所牵制。

23. 生活中发生在我们身上的事情不那么重要，真正的问题可能是我们是否能利用这些经历来成长。

24. 总会有牛市和熊市。对于那些准备充分的人来说，熊市不仅是一场灾难，而且是一个机会。

25. 真正的平和是一种品质，无论外部环境如何，你都要保持自己的内心。

26. 在任何时候，在任何情况下，在任何条件下，尽最大的努力兑现承诺，能使你在每一次经历中发现价值，并为之提供价值。

27. 如果我们觉得自己所知的越来越少，变得越来越谦虚，那么我们可能会更加渴望寻找。

28. 如果一个企业不讲道德，它就会失败，也许不是马上，而是最终。

29. 虽然有许多问题，但如果一个人着眼于大局，那么有许多理由要感谢生活在一个进步显著、未来可能性巨大的时代。

30. 通过面对和克服挑战，我们变得更强大、更聪明、更富有同情心。

31. 愿意体验的人是发现新领域的人。令人惊讶和有趣的事情发生在那些保持他们的眼睛和头脑开放和警觉的人身上！

32. 意识到进入你头脑的话语，无论是有意识的还是无意识的，因为话语和思想可以成为你头脑在作出适当决定时使用的伟大工具。记住，在灵性意识中所说的一句话可以包含巨大的灵性力量。说出爱的有力话语会改变事物、外部环境以及意识本身。

33. 当我们开始赞美自己和我们的世界时，我们开始以美丽的方式绽放。

34. 我们要从生活中得到什么？可以理解，这是一个对我们至关重要的问题。我们从某些基本的需要和欲望开始，拥有一个舒适的家，有充足的食物，有一份有意义的高薪工作，舒适、友谊和快乐是很重要的。然而，我们许多人还没有完全认识到一个简单、基本的原则：为了我们的接受，我们必须首先给予。给予和接受是同一生命法则的两个方面。

35. 无论我们身在何处，无论我们在做什么，都有可能学到一些可以丰富我们和他人生活的东西。没有人的教育是完整的。

36. 做你的功课或聘请聪明的专家来帮助你。永远不要跳进你不知道的行业。

37. 告诉你的读者"使用它或失去它"。如果你不使用你的肌肉，它们就会变得虚弱；如果你不动脑筋，它就会开始僵化。

38. 价格波动大于价值波动。只有了解他人的情绪，投资者才有机会产生优异的业绩。

39. 如果你想有一个比群众更好的表现，你做的事情必须与众不同。

当别人绝望时买进，当他们充满希望时卖出，需要坚韧不拔。当别人沮丧地卖东西时买，当别人贪婪地买东西时卖。

40. 我从不问市场会涨还是会跌，因为我不知道，再说是涨是跌也没关系。我在一个又一个国家寻找股票，问："相对于我认为的价值，价格最低的股票在哪里？"40 年的经验告诉我，你可以在不知道市场走向的情况下赚钱。

41. 在未来可能持续多年的金融混乱中，我还没有找到比将你的净资产留在那些利润率最高、利润增长最快的公司股票中更好的方法来繁荣。盈利能力可能继续具有价值，特别是在许多国家实现多元化的情况下。

42. 在 21 世纪结束之前，道琼斯工业平均指数可能会超过 100 万点，而现在大约是 1 万点。因此，从长期来看，如果你盲目买入股票并维持一个世纪，前景将非常乐观。

43. 永远不要忘记：为自己创造财富的秘诀是为别人创造财富。

44. 英语中最贵的四个字就是："这次不同"。

45. 耶鲁大学的其他男生都来自富裕家庭，没有一个是在美国以外投资的，我想那是非常自负的。为什么如此短视以至于只关注美国？不应该更开明些吗？

46. 每个人都有特殊的才能，我们有责任找到并用好它们。

47. 真正想做某事的人会找到办法，其他人只会找到借口。

48. 对于所有长期投资者来说，只有一个目标，即税后总实际回报率最大。

49. 把投资世界看成一片海洋，在那里买最物有所值的东西。现在的价值是不可赎回的债券。大多数债券都是可赎回的，所以当它们开始涨价时，债务人就会把它们从你身边收回。但不可赎回债券，特别是那些 25~30 年不可赎回的债券，如果利率下降，价格可能会大幅上涨。

50. 我们经常看到人们每天在错误的地方寻找他们想要的东西。太多人试图在毒品、酒精和感官刺激中找到安宁和快乐，但它不起作用。如果我们渴望平和，则首先要看的是我们自己。平和不是外部条件，而是内部环境。

八、市盈率鼻祖约翰·内夫：PE低处有黄金

投资名人堂 NO.8——市盈率鼻祖约翰·内夫，1964—1995 年担任温莎基金基金经理，在长达 31 载的职业生涯中，管理资产高达 110 亿美元，年复合增长率 13.7%。

名言：买得好才能卖得好。

约翰·内夫（John Neff），出生于 1931 年的俄亥俄州，市盈率鼻祖、价值发现者、伟大的低本益型基金经理人。管理温莎基金（Winsdor Fund）24 年，1998 年该基金的年复合收益率为 14.3%，而标普只有 9.4%。在过去的 20 年，他同时也管理格迷尼基金（Gemini Fund），该基金的增长率几乎也是股市价格增长率的两倍。温莎基金在数年内达到数十亿美元，到 1988 年上升至 59 亿美元，成为当时最大的收益型股票基金。至 1995 年约翰·内夫卸下基金经理人之时，该基金管理资产达 110 亿美元。

金融界专家会选哪一位资金管理人来管理他们的钱呢？一个很好的答案：约翰·内夫，这位在非金融界名不见经传的来自宾夕法尼亚州的理财专家。他在投资界以外几乎是默默无闻，因为他处世低调而且毫不引人注目。他的行为举止完全不像华尔街的显赫人物，倒像是美国中西部地区的一个普通官员。约翰·内夫住在一座离市中心不远的住宅里，有一个 30 多岁的妻子，穿着普通其至有些凌乱的衣服；他没有豪华的办公室，文件杂乱像大学生宿舍。他从不关心报纸，更别提小道消息了。投资界之外的其他行业对他可能闻所未闻，但他确实是美国最负盛名的金融界人物。实际上，几个民意测验表明，他是资金管理人选择管理他们自己钱的首选经理人。

约翰·内夫非常重视价值投资，他喜欢购买某一时刻股价非常低且表现极差的股票，而且他总会在股价过高走势太强时准确无误地抛出股票。在低迷时买进，在过分超出正常价格时卖出，从这看来，他是一个典型的逆向行动者。约翰·内夫和同类人之间的区别就在于，他能始终处于平和

状态。约翰·内夫宣称，股市的价格往往过分超出真正的增长。但成长股有两大要注意的地方：一个是它的死亡率过高，即人们认识到它的增长后决不会维持太久；另一个是一些收益较高但股价增长较缓的公司股票，可以让你获得更好的总回报。

约翰·内夫的父母在1934年就离婚了，母亲改嫁一位石油企业家，随后全家一直在密歇根漂泊，最终定居于得克萨斯州。约翰·内夫读高中的时候就开始在外打工，对学习毫无兴趣，学业没有任何长进，和同学关系也不是很融洽。毕业后他在多家工厂工作，包括一家生产点唱机的工厂。同时，他的亲生父亲正从事汽车和工业设备供应行业，并劝说约翰·内夫参与他的生意管理。约翰·内夫发现那段经历非常有用。他的父亲经常教导他，让他特别注意他所支付的价格，他的父亲常说："买得好才能卖得好。"之后约翰·内夫又当了2年的海军，在军中学会了航海电子技术。

约翰·内夫复员后继续学业，进入Toledo大学主修工业营销，其中两门课程分别为公司财务和投资，这时约翰·内夫的兴趣被极大地激起，他认为自己终于找到了真正想要的工作。当时Toledo金融系的主管是Sidney Robbins，一个才华横溢的投资系学生，也是他对格雷厄姆的著作《证券分析》作了重要的修订。最初约翰·内夫学习投资理论，后来又参加夜校学习，获得了银行业和金融业的硕士学位。约翰·内夫于1954年的圣诞假期来到纽约，他想看看自己能否胜任股票经纪人的工作。但由于他的声音不够响亮，没有威信，有人建议他做证券分析师。后来，他确实成了证券分析师，并在Chevland国家城市银行工作了八年半。他成为了该银行信托部的研究主管，但他总是相信最好的投资对象就是那些当时最不被看好的股票，这种理论常常与信托部的委员产生分歧。委员都喜欢那些大公司的股票，因为购买这类股票可以让客户安心，即使它们并不赢利。约翰·内夫的导师Art Boanas是一个彻头彻尾的根基理论者，他认为投资成功的秘诀就是要比其他的人看得远，且印证你的观点。一旦你下定决心，就坚持下去，要有耐心。这种投资风格后来变成约翰·内夫自己的风格，而且让他受益无穷。

1963 年离开 Chevland 银行之后，约翰·内夫进入费城威灵顿基金管理公司 (WellingtonManagement Company)。一年后，也就是 1964 年，他成为 6 年前成立的先锋温莎基金 (Vanguard Windsor Fund) 的投资组合经理人。那时在温莎基金，约翰·内夫共有四个合作伙伴，由 Chuck Freeman 领导，此人后来和约翰·内夫一起共事了 20 多年。公司使用的是提成报酬制，也就是说，如果温莎基金的业绩良好，约翰·内夫和他的伙伴都可以得到较好的报酬。

然而，约翰·内夫的私人生活的风格就像他要买进的股票一样，谦和而毫不引人注目。他的住宅除一个网球场之外就再没有别的华丽装饰了，他喜欢周末来一场激烈的网球赛。他总喜欢说他买的设施或衣服有多便宜，他说他的鞋袜是在 LOU 的鞋类大集市购买，而夹克是在一家打折店购买。他的女儿要买辆车，他把价格研究了半天后，把女儿打发回去要求给予 500 美元的折扣。他常常坐在一把摇摇晃晃的椅子上办公，经常是简洁明了地结束电话谈话。他喜欢阅读历史，特别是欧洲历史，他也喜欢旅游。有些时候他节俭的行为方式反而制造了投资机会。

有一次他在研究一家叫做 Buellington 的大衣仓储公司，于是他把妻子和女儿打发出去，采购一家连锁折扣店的衣服样品。她们带回来三件大衣，并强烈建议约翰·内夫买进该公司的股票。约翰·内夫接受了她们的建议，并最终赢得了 500 万美元的收益。几乎又是同样的方式，当福特公司推出新款汽车 TAUTAS 时，约翰·内夫对这款汽车和这家公司产生了极大的兴趣。他解释说之所以投资福特，是因为这家公司无债务并且有着 90 亿美元现金。他认为福特的管理者像亲人，他们知道如何节约成本和避免高高在上产生的错觉。因为福特的管理者和流水线员工吃住在一块，所以知道员工在想些什么。福特的生产线员工一年可以得到数万美元的奖金。约翰·内夫于是在 1984 年大量买进福特股票，那一年因为人们对汽车制造业失望使汽车板块的股价下跌到每股 12 美元。一年内他以低于 14 美元的平均价格购进了 1230 万美元的汽车股。3 年后股价上升到 50 美元，给温莎基金带来 5 亿美元的收入。

1980 年，宾夕法尼亚大学请求约翰·内夫管理该校的捐赠基金。该基金的收入状况在过去的几十年中已经成为 94 所高校基金中最差的。约翰·内夫用他一贯的方式重新组建了该基金的投资组合，还是购买低调的、不受欢迎的但非常便宜的公司股票。一些受托人反对这一方式，催促他买进当时看来非常令人兴奋的公司股票。受托人的这种偏好，其实也就是为什么这一基金过去表现极差的原因。然而，约翰·内夫完全不顾他们的催促，结果也证明约翰·内夫的选择是对的，宾夕法尼亚大学的基金在以后的几十年间，一跃成为所有大学基金收益的前 5 名。

值得注意的是，约翰·内夫所属的威灵顿管理公司，自 1992 年 9 月就开始投资中国台湾股市，至 2001 年 3 月底，证期会共核准其 12 件申请案，核准金额达 5.67 亿美元。由于约翰·内夫所建立的投资风格，已被威灵顿管理公司其他基金经理人奉为圭臬，因此，我们可以合理推论，以约翰·内夫的选股方式所筛选出的中国台湾股票，应是威灵顿管理公司的投资标的。

约翰·内夫和其他伟大的投资者一样具有两个特征：小时候家境贫寒，而现在是一个工作狂。约翰·内夫的继父不善经营，所以他的家庭总是在贫困中挣扎，所以他在很早就下定决心，如果时机来临他一定要非常精明地处理钱财。他每星期工作 60 到 70 个小时，包括每个周末工作 15 个小时。在办公室工作时他集中精神不允许任何人打扰，而且对他的员工近乎苛刻。一方面，当他认为员工工作没做好时就会非常严厉甚至有些粗暴；另一方面，他也给予员工充分的自由，允许他们参与喜欢的项目的决策过程。约翰·内夫是一位出色的证券分析师，虽然近年来他很少去公司，但他仍和公司员工进行交谈。他现在有一个分析团队为他工作，但当出现新股时，他还是会领导这一项目。当他和他的团队完成工作后，他们必须收集所有他需要的信息。在将近 35 年的工作经历中，约翰·内夫已经买进或研究了大部分他认为值得购买的公司股票。换句话说，他所面对的问题是如何更新他的知识而不是从零开始。他紧紧盯住那些股市中不受欢迎的行业集团，对那些本益比非常低而通常收益率又很高的公司股票很感兴趣。实际上，约翰·内夫经营温莎基金这么多年来，投资组合的平均本益比是整个股市的 1/3，而平均收益率超过市场平均收益率 2% 或更多。

他把自己描绘成一个"低本益比猎手"。然而，和本杰明·格雷厄姆不同的是，约翰·内夫考虑的是公司的根本性质，他需要是股价低的好公司。

约翰·内夫坚持的选股标准：

1. 健康的资产负债表；

2. 令人满意的现金流；

3. 高于平均水平的股票收益；

4. 优秀的管理者；

5. 持续增长的美好前景；

6. 颇具吸引力的产品或服务；

7. 一个具有经营余地的强劲市场。

最后一条是最为有趣的一点。约翰·内夫宣称，投资者往往倾向于把钱花在高增长的公司，但公司股票没有继续增长并不是公司本身经营出了什么问题，而是公司股价已没有了增长的余地。因此，约翰·内夫买进的股票增长率一般为 8%。

九、市场传奇麦克尔·普里斯：PB洼地掘宝藏

投资名人堂 NO.9——市场传奇麦克尔·普里斯，1976—1996 年担任共同股份基金基金经理，管理资产高达 130 亿美元，20 年复合增长率 20%。历史上达成这个水平的仅有三位投资大师，麦克尔·普里斯是其中之一。

名言：内在价值的最大指标，是经营实业的兼并方为控股给出的价格，而不是股票交易者给出的价格。

投资偏好

麦克尔·普里斯以价值投资著称，尤其喜爱复杂的交易，如并购、合并、破产、清算等可以利用超低价买进被市场严重低估的资产。在其基金投资生涯中，参与的并购案不计其数，如西尔斯(后来改名施乐百)、柯达、梅西百货(Macy's)及大通银行(Chase)和华友银行(Chemical)的合并等，皆是投资史上知名的大事。

投资法则

麦克尔·普里斯是典型的价值投资者，他认为只要做对下列三件事，价值投资即可成功。

1. 股价低于资产价值；
2. 公司经营阶层持股越高越好；
3. 干净的资产负债表，负债越少越好。

人生转折

那是 1974 年的一个冬天，麦克尔·普里斯在一家死气沉沉、毫无生机的经纪公司工作。当时，市场窄小没有人愿意购买股票。那时的麦克尔·普里斯只有 23 岁，学业不佳前途暗淡，既没获得 MBA 学位更没钱。

于是他和 Mutual Shares 的合伙经理人 Max Heine 有了一次工作面试，这是一家有 5000 万美元的名声不大的基金公司。Heine 问他喜欢什么股票，麦克尔·普里斯脱口而出选择了 Ritter Financia——一家处在兼并谣言中的

小公司。"我想 Max 非常喜欢我的言论。"麦克尔·普里斯回忆说，"他立刻站起来在面试中间购买了 2 万股这家公司的股票，然后回来对我说：'你什么时候可以开始工作？'"

在接下来的 20 年间，麦克尔·普里斯成了投资界的传奇。

1996 年，在从事了一个回报永恒的事业之后，麦克尔·普里斯从共同基金经理人的位置引退，并以 8 亿美元的价格卖掉了他的投资公司。这些日子来，他在 West Palm 海滩玩着水球消磨时光，同时经营着 MFP Investors——一个由自己财产构成的私人基金。

导师影响

麦克尔·普里斯将他的成功大部分归功于他的导师 Heine（1988 年去世，享年 77 岁）。Heine，1934 年逃亡美国的德国犹太人，有着一双敏锐的眼睛，能发现别人无法触及的廉价投资。70 年代，麦克尔·普里斯初次为他工作，Heine 竟以 10 美分之低的价格买下了破产铁路业的债券，而当该公司恢复生机后整整赚得了 10 倍的收益。这一投资案例，永远印在麦克尔·普里斯的心里，他说："远离人群，不可盲从，在大打折扣时买进。"

Heine 教会了麦克尔·普里斯在废墟中挖掘珍宝。"Heine 不喜欢大公司，也不喜欢那些被人分析来分析去的公司。"麦克尔·普里斯认为不起眼的公司更有可能被低估。他强调说："华尔街是一个为华尔街期刊赚钱的地方，它不会产生好的投资结果，在做投资前你得和华尔街分开来。"

独具慧眼

而今，麦克尔·普里斯的 75 只股票的投资组合中，包括 Fab Industries——一家市场价值 7200 万美元和拥有 820 万美元现金储备的纺织品制造商，Talarian——一只市值 3800 万美元和拥有 5500 万美元现金的降级科技股。麦克尔·普里斯说："我喜欢花最少的钱买很好的东西。"

即使现在股市连受打击和重创，麦克尔·普里斯还是没有发现值得买进的股票。"它们还是被高估了。"他说，"特别是像通用电气（GE）、微软（Microsoft）和默克（Merck）之类的大公司的股票。"他也尽量避免银行股，即使这一板块曾在过去给他带来不小的收益，但他认为它们太贵了。

虽然如此，麦克尔·普里斯还是发现了一些值得买进的股票，如AT&T。"我认为这家公司股票的价格应该在30美元到35美元，但现在却只有20美元。"他同时还看好通用汽车（General Motors），这一公司据称有80亿美元的现金，而且他估算公司的汽车业务大约以5倍的市盈率交易，所以是以极低的价格买入了公司的核心业务。

麦克尔·普里斯的另一钟爱是石油和天然气生产商Helmerich & Payne。这一股票曾经一段时间价格几乎减半，但麦克尔·普里斯认为投资者忽略了该公司的资产价值，包括从钻探平台到俄克拉荷马州的不动产在内的一切。麦克尔·普里斯也很喜欢Telephone & Data Systems——一只便宜的电信股票。

但同时麦克尔·普里斯也非常谨慎。"人们都说，你应该把资产全部用于投资。胡说！我们现在还有35%的现金呢。"接着他又解释说，"我不想成为第一，我只想在没有太多风险的情况下不断获得增长率。"

十、对冲基金教父朱利安·罗伯逊：宁丢客户不丢钱

投资名人堂 NO.10——对冲基金教父朱利安·罗伯逊，他在 1980—1998 年担任老虎基金基金经理，管理资产高达 230 亿美元，近 20 年复合增长率 30%，宁丢客户不丢钱的高度责任感令人印象深刻。

老虎基金的创办人朱利安·罗伯逊是华尔街的风云人物，他出生于美国南部一个小城镇，从北卡罗莱纳大学商业院毕业后，在 Kidder Peabody 证券公司工作 20 年之久，1980 年 5 月创办老虎基金，专注于"全球性投资"。在经历 10 年的蛰伏期后，20 世纪 80 年代末 90 年代初，老虎基金开始创下惊人业绩——朱利安准确地预测到柏林墙倒塌后德国股市将进入牛市，同时沽空泡沫达到顶点的日本股市（沽空指先借入股票，然后沽售，当股价下跌到一定水平再购回，赚取其中差价）。在 1992 年后，他又预见到全球债券市场的灾难。1993 年，老虎基金管理公司旗下的对冲基金——老虎基金（伙同量子基金）攻击英镑、里拉成功，并在此次行动中获得巨大的收益，老虎基金从此声名鹊起，被众多投资者所追捧，老虎基金的资本此后迅速膨胀，最终成为美国最为显赫的对冲基金。20 世纪 90 年代中期后，老虎基金管理公司的业绩节节攀升，在股、汇市投资中同时取得不菲的业绩，公司的最高赢利（扣除管理费）达到 32%，老虎基金管理的资产规模在 20 世纪 90 年代后迅速增大，从 1980 年起家时的 880 万美元，迅速发展到 1991 年的 10 亿美元、1996 年的 70 亿美元，在 1998 年的夏天其总资产达到 230 亿美元的高峰，一度成为美国最大的对冲基金。

2019 年福布斯全球亿万富豪榜，朱利安·罗伯逊排名第 452 位，财富值 43 亿美元。

2000 年 3 月 10 日，纳斯达克指数创盘中最高 5132.52 的历史高点，之后开始了连续三年的下跌，2002 年 10 月纳斯达克指数见底，最低点是 1108.49，最大跌幅 78.4%。

美股虽然经过 10 年大牛市，纳斯达克科技指数涨幅巨大，然而 2019

年7月11日收盘价格也只有8196点。如果在2000年的最高点时买入，持有到现在收益也只有60%，20年时间60%的收益可以说是很差的一笔投资。如果在下跌78%之后抄底，那么持有到现在的收益是739%。

连续10年上涨的美股，现在你是否还有勇气买入？

因当时大众狂热追捧互联网科技股，老虎基金因为不参与博傻游戏，业绩表现较差，基金投资者纷纷赎回基金，老虎基金被迫清盘。尽管如此，罗伯逊"宁丢客户不丢钱"的责任感还是令人肃然起敬，充分体现了基金经理"利润之上"的可贵操守。

下面是老虎基金掌门人写给投资者的告别信。

老虎基金掌门人罗伯逊致投资者的信

1980年5月，Thrope Makenzie和我以880万美元的资本成立了老虎基金。18年后，当年的880万美元已增长至210亿美元，增幅超过238500%（2385倍）。这期间基金持有人在扣除所有费用后所获得的年回报率高达31.7%。没有人有更佳成绩。

自1998年8月后，老虎基金表现较差，基金持有人亦作出积极响应——赎回基金，这是可以理解的。这期间赎回金额达77亿美元，价值投资的智慧受到挑战。持有人的赎回不单侵蚀我们的收益，还令我们承受极大的压力，而我们却看不到这一切行将结束的迹象。我所提到"看不到行将结束"究竟是什么意思？"结束"的是什么？"结束"其实是指价值股熊市的结束；是投资者明白，无论股市短期表现如何，15%至20%的投资回报已是不俗。"结束"因此可作如下解释：投资者开始放弃投机性的短期投资，转往更有保障而过往回报不俗的被遗弃股份。

现时很多人谈新经济（互联网、科技及电讯），互联网诚然改变了世界，生物科技发展亦令人惊叹，科技及电讯也带给我们前所未有的机会。炒家们宣扬："避开旧经济、投资新经济、勿理会价钱。"这便是过去18个月市场所见的投资心态。

我曾在过去很多场合说过，老虎基金以往多年的成功，要诀是我们坚持的投资策略：买入最好的股份及沽空最差的股份。在理性的环境，这策略十分奏效。可是在不理性的市场，盈利及合理股价不受重视，宁炒高科技及网络股成为主导。这样的逻辑，我们认为不值一哂。

投资者为求高回报，追捧科技、互联网及电讯。这股狂热不断升温，连基金经理也被迫入局，齐齐制造一个注定要倒塌的庞氏金字塔。可悲的是，在现时环境下，欲求短期表现，就只有买入这类股份。这过程会自我延续至金字塔塌下为止。我绝对相信，这股狂热迟早会成过去，以往我们也曾经历过。我仍很有信心价值投资是最好的，虽然市场现在不买账。这次也非价值投资首次遇到挫折，很多成功的价值投资，在1970至1975年及1980至1981年成绩差劲，但最终获利甚丰。

我们很难估计这改变何时出现，我没有任何心得。我清楚的是：我们绝不会冒险把大家的金钱投资在我完全不了解的市场。故此，在经过仔细思量之后，我决定向我们的投资者发回所有资金——结束老虎基金。我们已套现了大部分投资，将依照附件所述方法退回资产。我比任何人更希望早些采取这项行动。无论如何，过去20年是相当愉快及充实的。最近的逆境不能抹去我们过往彪炳的战绩。老虎基金成立至今，足有85倍的增长（已扣除一切费用），这相当于标准普尔500指数的3倍多，也是摩根士丹利资本国际环球指数的5.5倍。这20年中最令人回味的是与一群独特的同事，以及投资者紧密合作的机会。

不论是顺境或逆境，亦不论是胜是负，我每次说话，都是我及老虎基金全体员工的真心话，容我们在此衷心向各位致谢。

朱利安·罗伯逊
2000年3月30日

结束语：我的投资说

1. 投资又名：价值投资。

2. 让良资遇见优企，是策略，更是责任。

3. 投资六字诀：物美价平长持。

4. 投资既是一门科学，也是一门艺术，还是一门哲学。

5. 投资三要：价值投资、集中投资、长期投资。

6. 投资没有玄机和奥秘，只有常识和缜密。

7. 投资 =1+1，1 万个小时 +1 万页书。

8. 涨不涨无人能知晓，贵不贵心中要有数。

9. 格价费司难奢求，物美价平当可追。

10. 价值主要由两大部分构成，即过去成长形成的存量价值和未来成长蕴含的增量价值。四大指标不可偏废：

动察损益观ＰＥ，静析资产论ＰＢ，删繁就简ＰＥＧ，返璞归真ＲＯＥ。

11. 选股如选友。

12. 选股如同奥运比赛，行业取前三，选龙头、盯第二、看第三。

13. "五大不等式"：

高≠贵；

波动≠风险；

高增长≠高成长；

利消费者≠利投资者；

有前途行业≠有钱图行业。

14. 股市没有神话和童话，只有变化和进化。

15. 研究要选大长金，投资贵在少慢愚。

16. 天下投资，唯慢可富。

17. 显微镜洞见性价比，望远镜远见预期差，太阳镜定见掀浪花。

18. 高收益来自低情绪。

19. 安全边际告诉我们不能孤注一掷,能力圈告诉我们不要天女散花。

20. 投资最重要的不是饭局,是格局。

21. 买股票是买企业不是买市场,投资者的本质是创业者。

22. 贵出贱取不是高抛低吸。

23. 匠心 × 专心 × 耐心 =1/3 × 1/3 × 1/3=3.7%。

24. 股以稀为贵。无差异,不投资;文无第一,股无第二。

25. 股投不炒。天才适宜炒股,凡人安心投资,半仙忽炒忽投。

26. 择时不如择价,择价不如择股。

27. 无差别盲评才是真功夫,分行业估值实是假把式。

28. 挑一艘好船,选一个好船长,等一张好船票。

29. 稀缺是投资的核心,估值是投资的灵魂,长持是投资的归宿。

30. 寻找好标的、等待好价格、伴随好成长,这些都需要时间和耐心,都不是即时的享受,甚至很多时候还要忍受市场先生的无情折磨和世俗的不解嘲笑,但这些正是坚持和信仰的定义。

参考文献

[1] 任俊杰. 穿过迷雾 [M]. 北京：中国经济出版社，2016.

[2] 菲利普·A·费舍. 怎样选择成长股 [M]. 冯治平，译. 北京：地震出版社，2013.

[3] 戴维·克拉克. 查理·芒格的投资思想 [M]. 巴曙松，陈剑，等，译. 杭州：浙江人民出版社，2019.

[4] 本杰明·格雷厄姆. 聪明的投资者 [M]. 王中华，黄一义，译. 北京：人民邮电出版社，2010.

[5] 邱国鹭. 投资中最简单的事 [M]. 北京：中国人民大学出版社，2014.

[6] 邱国鹭，邓晓峰，卓利伟，孙庆瑞，冯柳，等. 投资中不简单的事 [M]. 成都：四川人民出版社，2018.

[7] 但斌. 时间的玫瑰：但斌投资札记 [M]. 北京：中信出版集团，2018.

[8] 任俊杰，朱晓芸. 奥马哈之雾 [M]. 北京：机械工业出版社，2019.

[9] 张伟，马曲琦. 大证券家 [M]. 北京：中国经济出版社，2008.

[10] 埃斯瓦斯·达莫达兰. 估值 [M]. 李必龙，李羿，郭海，译. 北京：机械工业出版社，2013.

[11] 彼得·林奇，约翰·罗瑟查尔德. 彼得·林奇的成功投资 [M]. 刘建位，徐晓杰，译. 北京：机械工业出版社，2007.

[12] 彼得·林奇，约翰·罗瑟查尔德. 战胜华尔街 [M]. 刘建位，徐晓杰，李国平，等，译. 北京：机械工业出版社，2010.

[13] 戴维·凯里，约翰·莫里斯. 资本之王 [M]. 巴曙松，译. 北京：中国人民大学出版社，2011.

[14] 瑞·达利欧. 原则 [M]. 刘波，綦相，译. 北京：中信出版社，2018.

[15] 刘军宁. 投资哲学：保守主义的智慧之灯 [M]. 北京：中信出版社，2015.

[16] 罗伯特·哈格斯特朗. 沃伦·巴菲特的投资组合 [M]. 江春, 译. 北京: 机械工业出版社, 2000.

[17] 艾丽斯·施罗德. 滚雪球 [M]. 覃扬眉, 丁颖颖, 张万伟, 等, 译. 北京: 中信出版社, 2009.

[18] 罗伯特·J·希勒. 金融新秩序: 管理21世纪的风险 [M]. 郭艳, 胡波, 译. 北京: 中国人民大学出版社, 2004.

[19] 本杰明·格雷厄姆, 戴维·多德. 证券分析 [M]. 邱巍, 李春荣, 黄铮, 译. 海口: 海南出版社, 1999.

[20] 霍华德·马克斯. 投资最重要的事 [M]. 李莉, 石继志, 译. 北京: 中信出版社, 2012.